你未曾料想的福建

「闽人智慧」丛书编委会 编

海峡出版发行集团 | 福建人民出版社 | 海峡文艺出版社
THE STRAITS PUBLISHING & DISTRIBUTING GROUP | FUJIAN PEOPLE'S PUBLISHING HOUSE | Haixia Literature & Art Publishing House

"闽人智慧"丛书编委会

主 任

张 彦

副 主 任

许守尧　　肖贵新　　叶雄彪（主编）　　谢勤亮

编 委

兰 锋　　柯宜达　　袁俊华　　陈 铭
陈煜晃　　唐征宇　　高建进　　林元贵

千百年来，福建人民在世代相续的生产生活实践中，在中华优秀传统文化的滋养下，逐步形成了具有鲜明地域特色的价值追求、思想创造和文化影响。那些闪耀在人类智慧星空的光芒，照亮了闽人的过去、现在和未来。今天，我们凝练和传播"闽人智慧"，就是为了深入学习贯彻习近平总书记关于传承弘扬中华优秀传统文化的重要论述，推动优秀传统文化创造性转化、创新性发展，为书写中国式现代化的崭新福建篇章提供源源不断的精神力量。

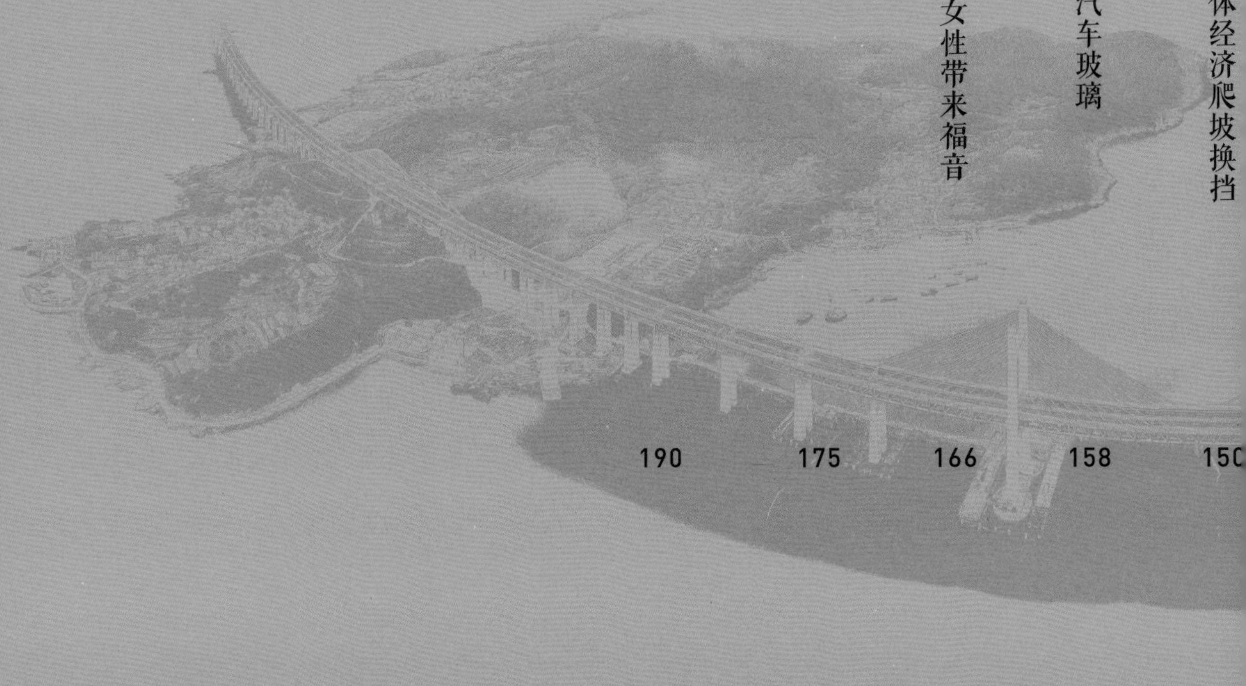

目录

点草成金，福建菌草助力全球脱贫

壹

微博话题＃国际友人给女儿改名菌草＃曾一度登上热搜榜，累计阅读量超过 2.5 亿次。

为记住来自中国的帮助，巴布亚新几内亚一位部长把女儿的名字改为"菌草"。

这已经不是菌草第一次火出圈了。从电视剧《山海情》风靡全网的菌草种菇，到巴布亚新几内亚友人把女儿的名字改为"菌草"，这株来自福建的小草究竟有何过人之处，为何能够成为全球顶流？

可扦插或穴盘移栽，年繁殖系数1:10000

Giant Juncao Grass Seedling

Direct planting or tray transplanting
Annual reproduction coefficient 1:10000

┌ 巨菌草种苗（福建
日报／供图）

☐ **一株草的跨界修炼**

　　菌草的故事，要从 40 多年前讲起。

　　当时，中国引进了段木栽培香菇技术，也就是把适于香菇生长的树木砍伐后，将枝干截成段，再进行人工接种，而后在菇棚里培育出香菇。

　　这种模式"短、平、快"，很多人因此脱贫致富。但问题又来了，段木栽培法以消耗大量木材为代价，老百姓腰包鼓了，青山却秃了。"菌林矛盾"由此产生。

　　为化解"菌林矛盾"，当时在福建农学院（福建农林大学的前身）工作的林占熺产生了一个大胆的想法：能不能以草代木栽培食药用菌呢？

之所以说这是个大胆的想法，是因为木、草、菌是三个看似没有关联的学科，没有参考资料，没有前人实践，没有仪器设备，要实现这一设想，只有自力更生，白手起家。

1983年，在福建农学院一间破旧的实验室里，林占熺开始以草代木栽培食药用菌实验。他首先将目光投向了闽西闽北漫山遍野的芒萁。

相关菌株很多，也不知道哪个菌株有可能用芒萁栽培。一种一种地筛选实验，经过1,000多个日夜的奋战，1986年10月，第一朵利用芒萁培育的香菇终于长成。

在之后日复一日的研究中，这样的惊喜时刻不断地出现，林占熺从野草和人工栽培的草本植物中筛选、培育出菌草48种，适宜用菌草栽培的食药用菌56种，打破了菌、草、木之间的学科界限，开辟了菌草学这一新兴交叉研究领域。

以草代木栽培食药用菌，不仅攻克了"菌林矛盾"这一世界难题，还有意想不到的收获——生物转化率高，1公斤干培养料可产1公斤左右的鲜菇；生长快、见效快，种植3个月的菌草就可用于栽培食药用菌，在南方地区一个菇棚1年可栽培2—3季香菇。

菌草技术横空出世后，迅速成为扶贫"神器"，并且从福建走向全国，走向世界。

┌ 林占熺在观察其培
育的菌草鹿角灵芝（闽
智/供图）

□ 菌草环球行

大热剧《山海情》中，黄觉饰演的福建教授凌一农吸粉无数。剧中，凌一农不穿西装、皮鞋，整天和农户一起堆肥、钻菇棚、卖双孢菇。凌一农的原型正是林占熺。

1997 年，菌草技术被列入闽宁对口扶贫协作项目。那一年，林占熺带着 6 箱菌草，到宁夏十几个县建立菌草产业扶贫示范生产基地。

第二年，第一茬蘑菇收获的时候，当地村民第一次拿到百元钞票，兴奋地编了几句顺口溜："菌草、菌草，闽宁草，幸福草！"

事实上，不仅在宁夏，菌草技术已在全国506个县（市、区）推广应用，帮助了数以千万计的农户脱贫致富。

这株福建走出的"扶贫草"也很快引起了国际社会的关注。

20世纪90年代，菌草技术便在日内瓦、巴黎等国际发明展上摘得发明类奖项，还被联合国计划开发署列为"中国与其他发展中国家优先合作项目"。

此后，这株"小草"正式扬帆出海。

1996年，林占熺带着菌草技术出海，首站便是巴布亚新几内亚。菌草栽培食药用菌，脱贫见效快，帮助越来越多的巴布亚新几内亚人民摆脱了贫困。为感念中国专家的贡献，当地不少人在孩子的名字中嵌入"菌草"二字。巴布亚新几内亚一位部长还用登报的方式，公布自己为女儿改名"菌草"。

在20多年的菌草技术国际合作实践中，中国创新了菌草援外项目实施模式，以减贫为目标，把技术本土化、简便化、标准化，让农户"一看就懂""一学就会""一做就成"，使当地最穷苦的民众也能参与。以巴布亚新几内亚为起点，菌草技术共在106个国家和地区落地生根，上万人得到培训，13个国家建立了菌草技术示范中心。

菌草，被认为是中国送给世界的礼物。

□ "多面手"菌草

如果你以为菌草技术就是用来种菇的？那就太低估它的实力了。

如今，菌草技术早从最初的栽培食药用菌，拓展到菌草饲料、菌草菌物饲料、菌草菌物肥料和生物质能源与材料开发、菌草生态治理等领域，实现一草多用、综合利用、循环利用。

小小的一株菌草，还是个多面手。在生物质能源与材料开发中，菌草同样也有用武之地——"以草代煤"发电，碳排放与燃煤相比大大减少。菌草也可用于生产乙醇、生物柴油，是可再生能源。此外，菌草还可以用于生产板材和纸浆，用作包装材料，既能"以草代木"还能"以草代塑"，是环境友好的可再生资源。

值得一提的是，菌草不仅能致富，还能治沙。经过反复实验，研究人员发现，菌草生命力强、根系发达，有很好的固沙功能，同时还有很强的固氮能力，可以改善土壤，提高土壤肥力。实际上，巨菌草、"绿洲1号"等高产优质的菌草新品种已成为生态治理中的重要角色。

近年来，林占熺和他的团队在内蒙古、青海、四川、甘肃等黄河流域沿岸各省份开展菌草治理水土流失、治理荒漠化、防沙固沙、改良盐碱地、治理砒砂岩等多类型实验示范。

在中国四大沙尘暴发源地之一的内蒙古阿拉善盟乌

兰布和沙漠，他们种下的菌草在 7 次死而复生后终于制服了流沙。

他们还发现，"绿洲 1 号"菌草能耐零下 20 多摄氏度的低温，可以在黄河滩上安全过冬。

不仅仅在沙漠，林占熺和他的团队还踏上了海岛，在福建平潭和湄洲岛开展菌草防风固沙、盐碱地改良研究与示范。

不仅仅在中国，菌草生态治理技术同样在"一带一路"沿线国家和地区得到应用。

在卢旺达，实践数据显示，种植巨菌草土壤流失率比种植玉米减少 97.05%~98.9%，水流失量减少

80%~91.9%。

加纳、尼日利亚等国的专家学者也前来中国取经学习菌草矿山恢复、荒漠崩岗治理技术。

"有生之年，我希望在生态脆弱的地区，如黄河流域、青藏高原及一些干旱、半干旱地区成功发展菌草产业，筑起千里菌草生态安全屏障，让黄河'母亲河'变成造福人民的'幸福河'，把生态菌业发展成为具有战略意义的新兴产业，为各国提供良好示范。"

年近八旬，但菌草技术发明人林占熺依然活跃在科研一线，带着这株小小的菌草走向他心中的"诗和远方"。

作　　者：张　辉

东方巧克力，
松溪百年蔗的传奇与新生

贰

老境於吾渐不佳，一生拗性旧秋崖。
笑人煮积何时熟，生啖青青竹一排。

这是苏东坡的一首诗作。诗中让怀才不遇、时运不
济的苏东坡获得甜蜜和温暖的"青青竹一排"，指的就是
中国甘蔗的传统栽培品种——竹蔗。

甘蔗是重要的大宗农作物，为全世界贡献了 80% 的糖和 40% 的乙醇，特别是在中国，甘蔗对糖业的贡献达 92% 以上。宿根蔗是指上一年甘蔗收割之后，留在土中蔗蔸的芽再次生长出来的甘蔗。与新植蔗相比，宿根蔗具有早生快发、省肥节种、管理成本低等优点。

一般说来，甘蔗宿根的寿命为 3~6 年，在西印度洋普格里卡岛寿命最长的甘蔗宿根，也最多存活 25 年。然而，在福建省南平市松溪县郑墩镇万前村，却有着一片

百年蔗母株石碑
（李典利 / 摄）

种植于清雍正四年（1726）的竹蔗，一直未换过种，而且年年萌发新株，宿根已生长近 300 年，是中国现存最古老的甘蔗，也是目前中国唯一仍然保存的传统制糖竹蔗品种，被称为"百年蔗"。

为何松溪百年蔗宿根能成就近 300 年不腐不坏的奇迹？松溪竹蔗栽培系统何以入选中国重要农业文化遗产？以百年蔗为原料制作的红糖又为何享有"东方巧克力"的美誉？

□ 中国甘蔗的"活化石"

1958 年 8 月 6 日，《福建日报》刊发了松溪县万前村发现种植了 200 多年宿根甘蔗的新闻。著名甘蔗专家、时任福建农学院农学系主任周可涌教授闻讯赶来，惊呼这是一个罕见的奇迹，并经考证认为这是中国竹蔗的一种。

福建种蔗制糖历史悠久，是中国产蔗制糖大省，而竹蔗曾在福建种蔗史上长期占据主导地位。竹蔗系禾本科甘蔗属植物，因皮绿色似竹而得名。早在秦汉时期，福建闽北山区就有野生竹蔗资源。闽越王国的先民们将野生自然杂交形成的竹蔗种植于松溪沿岸，开启了种蔗制糖的历史。汉代刘歆著《西京杂记》中就有闽越王无诸将蔗糖与牛乳混合制成的石蜜献给刘邦的记载。

到了南宋时期，松溪竹蔗品种培育与种植制糖技术快速发展，并得以在福建范围内广泛推广。进入元明清时期，福建竹蔗种植与蔗糖贸易盛况空前。《天工开物》

闽人智慧 FUJIAN WISDOM

┌ 福建省南平市松溪县郑墩镇万前村百年蔗园（李典利／摄）

└ 百年蔗地下走茎、竹
鞭状根（徐良年／摄）

载，明代闽粤两省竹蔗种植规模已占全国的十分之九，
种蔗制糖技术传播到中国台湾地区，以及印尼、菲律宾、
泰国、越南、马来西亚等东南亚国家。

到了 20 世纪 40~80 年代，国内外糖蔗新品种不断引
入替代，松溪竹蔗一度处于濒危边缘。随着现代育种理
念发展，松溪竹蔗的种质资源保护迎来转机。万前村采
用根系繁育法，将这一古老甘蔗品种的种植面积由仅存
的 0.7 亩（1 亩 ≈ 666.7 平方米）逐步扩大到 400 多亩。

尽管几经盛衰，松溪竹蔗依旧保存着其独有的长寿
基因。它所生长的松溪流域数亿年来经过多次火山喷发
与地质运动，形成地质类型多样、矿物质丰富的丘陵地

质地貌。同时，经过几万年物种进化和自然选择，松溪竹蔗成为世界上唯一有地下走茎和竹鞭状根的糖蔗品种，具有强宿根性和抗逆性，适合长年宿根栽培。

长期跟踪研究松溪竹蔗的浙江大学农业文化遗产中心主任叶明儿教授表示，百年蔗有这么长的蔗龄，除了有良好生态环境及强大的地下走茎（鞭）外，是否还有其他长寿机理，有待人们进一步探索。

□ 人与自然和谐共生的活态栽培系统

松溪地处福建近海山区，常遇台风暴雨，河流两岸砂质土壤易发生水土流失，不利农业生产。松溪先民们自发遵循天人合一的朴素思想，将竹蔗种植到松溪河沿岸沙地中。随着竹蔗地下走茎及根系不断生长交叉、相互连接，形成庞大发达的根系网络结构，有效加固根际土壤，控制水土流失，利于河岸稳定，构成了"河岸沙地植蔗，蔗根固土，土厚促蔗，蔗秆制糖，秆渣还田"的生态循环系统。

此外，甘蔗的二氧化碳吸收率特别高，具有高固碳作用，松溪竹蔗栽培系统对于丰富闽江源头的生物多样性、保护生态环境发挥了重要作用。

松溪先民们还摸索出先进的蔗秆土下砍收、蔗叶盖畦防寒、深耕破垄（畦）、萌芽期栽培管理等高超技术，形成了竹蔗与水稻、蔬菜、烟叶、芋芋等间作套种的栽培生产系统。

┌ 俯瞰松溪县河东乡岩后村玄武岩（叶明儿／摄）

┌ 0.7亩的母蔗园用黑色铁栏杆围起重点保护（李典利／摄）

松溪河沿岸地貌风光（王大伟／摄）

┌ 蔗农将蔗蔸四周的
土壤深扒至蔗头以下
（艾晖 / 摄）

　　松溪百年蔗能存活至今，很大程度上要功归于这套栽培系统。而其中最核心的，就是深耕破垄（畦）栽培技术。

　　相较于其他宿根蔗破畦，百年蔗深耕破垄（畦）更早、更深、更彻底。在清明前后，蔗农们即顺应天时深耕破畦：用锄头把蔗蔸四周的土壤扒开，深度达到蔗头以下；挖出的土壤随即在甘蔗行间堆成畦，并在畦上种植豆科作物生态固氮。这一技术切断了部分表根及驻扎根，促进新根发展；既促使土壤风化晒白，又使蔗蔸通气；还利于杀灭地下害虫，促进蔗蔸的根、芽萌发生长。

　　周可涌教授在深入研究松溪蔗农种植习惯和技术后，据此总结出宿根蔗高产栽培技术，可使宿根蔗亩产增产1,000斤以上。1965年，农业部将这项技术向全国推广，迄今仍为中国主产蔗区所沿用。

　　千百年来，松溪先民们凭借劳动与智慧创造了经济与生态价值高度统一的活态竹蔗栽培系统，与梅口村、万前村等古村落和当地各类种蔗制糖非物质文化遗产及民间习俗，构成了一个集自然、文化和农业生产景观于一体的复合性生态系统。这是人类与竹蔗、环境不断协调适应的创新探索，至今仍闪烁着农耕文明的智慧之光。

2021 年 11 月，福建松溪竹蔗栽培系统被列入第六批中国重要农业文化遗产。

□ 古法制糖熬出"东方巧克力"

每年的 12 月到次年 1 月，是松溪的制糖季。现今留存的宋代梅口古埠商贸文化原址及村落间压榨甘蔗的水车、木碓和红糖作坊遗址等，都有力证实了松溪悠久的制糖及贸易历史。

┌ 梅口古埠红糖作坊
遗址（叶明儿／摄）

梅口古埠（黄杰敏／摄）

┌ 松溪红糖工厂内仍然沿用八口连环锅工艺（李典利／摄）

万前村的村民们至今仍然沿用古法，使用八口连环锅手工熬制红糖。经过清洗、榨汁、开泡、赶水、出糖、打沙、成型等12道严格工序，百年蔗红糖成品虽甜度低于普通机制红糖，但保留了百年蔗汁中的全部有效成分，口感松软、甜而不腻，被称为"东方巧克力"。

百年蔗的美誉并不仅来源于口感。早在1963年6月27日，《福建日报》就报道过百年蔗红糖被尊称为产妇的"月内糖"的故事。而在松溪民间，百年蔗红糖因治好太后的病而被定为岁贡的传说也广为流传。

2017年，松溪县卫健部门开展的一项流调结果表明，百年蔗核心产区万前村常住的100多位老人中，80岁以上老人有27名，其中90岁以上的老人就有5名，平均寿命高于全县其他村落，是名副其实的长寿村，且全村无一例老年痴呆症或癌症患者。另还有科研机构初步研究发现，百年蔗蔗糖含量仅为一般甘蔗的2/3，同时富含多种人体所需的维生素、有机酸、活性物质和矿物质。上述流调和研究成果引起业内不少专家的关注。

中国著名药物学家、中科院院士蒋华良在福建省科技厅第26次鼓岭科学会议期间表示："百年蔗是稀世珍宝，将近300年了，这个不容易。它有广泛的药用价值，

└ 母蔗红糖（李典利／摄）

一定要保护，一定要扩种，不但要造福松溪人民，还要造福全国和世界人民。"

□ 开启追求甜蜜幸福生活新征程

曾经的万前村，是一个出门无路、过河无桥、致富无门的"三无村"。2012年，万前村党支部牵头成立百年蔗合作社，决心从人无我有的稀缺资源出发，专心做好百年蔗。两年之后，全村208户村民全民入股参与种植百年蔗。2019年，万前村在全县率先脱贫，近五年人均收入每年递增20%以上，村财收入每年增加25%。百年蔗已成为万前村村民的致富蔗。

目前，万前村里建了蔗糖加工厂、红糖手工熬制观光基地，形成了百年蔗产业链，万前村则获评全国一村一品示范村和省级乡村振兴试点示范村。

而松溪县则把百年蔗产业作为乡村振兴的主导产业之一，升格成立百年蔗保护与发展领导小组，编制保护

┌ 万前村风貌（吴志伟 / 摄）

你未曾料想的福建

和发展规划，建设落地院士工作站、松溪甘蔗科技小院，努力用好宝贵种质资源，培育具有自主知识产权的甘蔗新品种，推动产业平台搭建、康养文旅打造、文创产品开发。在品牌的赋能下，协调发展的第一、二、三产业在古老的植物上"开花结果"，为乡村振兴注入了不竭动力。

今天，走在万前村的乡间小道上，古樟参天、乔松碧溪、蔗田整齐有序，绿意盎然。搭上乡村振兴的快车，万前村村民们开启了追求更加甜蜜幸福生活的新征程。

作　者：叶明儿　周志强　陈可聃　范鑫琳

叁

吃饭为大，一粒种子里的福建力量

"悠悠万事，吃饭为大。"

一粒种子可以改变一个世界，一项技术能够创造一个奇迹！小小的种子里，蕴藏着福建非一般的战斗力！靠着一粒种子，福建人改变了世界！

□ 福建人育出"东方神稻"

20 世纪 80 年代以来，福建水稻育种在超高产品种选育、抗瘟不育系选育等方面取得了辉煌的成就。

"科学家的手，怎么晒得比我们的还黑？比耕田的还粗？"每到田间，中国科学院院士，福建省农业科学院原院长、研究员谢华安的一双手，总会引发稻农们的好奇。

正是这双饱经风霜的手，选育出了中国推广面积最大的杂交水稻品种，让无数中国人端牢了自己的饭碗。

1972 年，谢华安进入三明市农业科学研究所工作。当时全国正掀起杂交水稻协作攻关浪潮。作为三明南繁领导小组组长，他带队前往海南三亚，在那里开启了长达数十年的杂交水稻育种研究生涯。

中国第一代杂交水稻恢复系主要由国外引进，不抗稻瘟病，缺乏自主知识产权。

在福建和海南，谢华安首创稻瘟病重病区多点多代抗稻瘟病选育程序，终于在 1980 年选育出抗稻瘟病、强恢复力、高配合力的恢复系"明恢 63"。"明恢 63"被认为是中国创制杂交水稻恢复系的优良种质和遗传贡献最大的亲本。

1984 年至 2014 年，由其配组的杂交水稻累计推广面积达 12.66 亿亩。其中，以"明恢 63"为亲本选育出的杂交水稻良种"汕优 63"丰产性高、适应范围广、抗稻瘟病，迅速赢得南方稻区农民的青睐。

"1986 年袁隆平到福建看到我，第一句话就说：老谢,祝贺你。'汕优 63'已经是全国最大面积的品种了。"谢华安说他对这句话记忆犹新。

1988 年,"杂交水稻新组合汕优 63"荣获"国家科技进步奖"一等奖,但更大的奖赏是在广袤的田野上。据统计,从 1986 年到 2001 年,"汕优 63"连续 16 年是全国推广面积最大的良种,也是全国推广时间最长、效益最显著的杂交水稻良种。

不仅如此,"汕优 63"还被推广到东南亚国家,进行大面积种植,被当地农民誉为"东方神稻"。继"汕优 63"后,谢华安领衔的福建水稻育种团队,在超级稻育种、航天育种、优质稻育种、抗稻瘟病不育系选育、两系稻育种、再生稻育种和栽培等方面屡创佳绩。

□ 杂交水稻制种全球第一

福建水稻育种制种的成就,还远远不止于"汕优 63"。

三明建宁是全国最大的杂交水稻种子生产基地县。全国每 10 粒种子里就有一粒来自福建建宁。为什么是建宁?水稻田很多人见过,但当你到了建宁,会发现这里的水稻田很不一样。

早在 20 世纪 70 年代中后期,建宁就开始进行杂交水稻制种。丰富多样的地形地貌、独特的地理气候条件、良好的时空隔离条件和优越的自然生态环境让建宁的农民历史性地选择了水稻制种这一产业。

沙县 6,000 亩再生稻陆续成熟，头季稻喜迎丰收季（游庆辉 陈光铨 许琰／摄）

┌ 高低相间的建宁县水
稻制种田（陈晓星／摄）

建宁地处闽江源头，它的丘陵与河流相互交错，为种子生长提供了一道天然的屏障。

1975 年左右，建宁先后选派了近千名农民和农技人员到海南学习杂交水稻制种，为杂交水稻制种技术的推广普及奠定了扎实基础。2013 年，建宁被评定为国家级制种基地。近十年来，建宁种业发展更是有了质的提升。在生产过程综合农机化率方面，从 2012 年的 60% 上升到 2021 年的 80%；当地的职业农民数，从 2012 年的只有 5,000 多人，增加到 2021 年的 11,000 多人。

2021 年，建宁全县制种面积和产量分别达到 15.3 万亩、7,100 万斤，产量占全国杂交稻种约 17%。"建宁水稻种子"获得全国唯一水稻种子地理标志证明商标。

在福建，不只是建宁，整个三明都是全国杂交水稻制种的传统优势制种区。

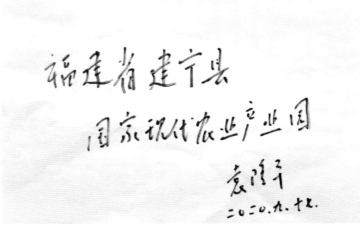

　　2015 年，福建省出台支持三明市建设"中国稻种基地"的六条措施。三明市确立以建宁为核心区，泰宁、宁化、沙县为重点区，尤溪、将乐等为辐射区的三区布局，构建起"中国稻种基地"建设的"四梁八柱"。

　　目前，建宁、泰宁、宁化等已建成高标准制种田30.7 万亩；建宁县国家现代农业产业园成为全国第三个、福建省首个以水稻种业为主导产业的国家级现代农业产业园。

　　如今，三明市"中国稻种基地"的"北有张掖，南有建宁"等美誉逐步获国内种子行业认可，培育壮大科荟、天力、禾丰、六三、福瑞华安等一批制种业龙头——科荟种业出口越南的杂交水稻占全国总出口额度的 40% 以上，天力种业成为全国最大的杂交水稻专业化制种企业。

└ 泰宁大田乡杂交水稻制种基地（陈金宝 / 摄）

2021 年，三明全市制种面积达 28.8 万亩、产量达 12,600 万斤，产量约占全国的四分之一，稳居全国杂交水稻种子生产第一市的地位。

与此同时，福建省杂交水稻制种收获面积达 35.8 万亩，生产种子 7,600 万公斤，平均亩产 212 公斤，三项指标均居全国第一，满足了全国杂交水稻种植面积 25% 以上的用种需求，稳居全国杂交水稻制种第一大省位置。

2022 年初，建宁、泰宁、宁化、尤溪四个县又入选新一轮国家级制种大县认定名单，标志着福建种业的进一步提挡升级。

小小一粒种，关乎千万家，新时代新征程上，福建将继续助力中国人把饭碗牢牢端在自己手上！

作　者：张　辉　黄宝琴

味冠海错，福建「蚝」厉害

肆　　　用生蚝烹制美食，很寻常。但是，你见过用生蚝造桥吗？见过用生蚝壳盖的房子吗？没有吧！这就带你看看福建人的"非常规操作"。

⌐ 用牡蛎壳建造的蚵
壳厝（蔡茵茵／摄）

□ "蚝"门望族

生蚝学名牡蛎，又名蛎蛤、牡蛤、海蛎子等，素有
"海底牛奶"的美誉。但是，在食物之外，福建人赋予
了牡蛎更高的"自我奉献"价值。吃完牡蛎后的壳子，
除了被扔掉还有别的出路吗？福建人告诉你：它可以盖
房子！

难道这就是传说中的"蚝"门？

在网红景点泉州蟳埔村，蚵壳厝是驴友们必看的风
景。由于福建沿海多雨水，且海风带着盐分极易腐蚀红

砖，蚵壳厝一般采取内墙用砖石砌成，外墙则以层层叠叠的牡蛎壳黏合的建造方式。这样的房子可以防水、防潮、耐腐蚀。历经 400 多年的风雨冲刷，蚵壳厝依然光洁明亮、容颜不改。

除了为福建"蚝"门添砖加瓦，牡蛎也成就了福建的桥。"泉州：宋元中国的世界海洋商贸中心"是中国第 56 项世界遗产，其包含的 22 处代表性古迹遗址之一——泉州洛阳桥，屹立近千年而不倒。

北宋皇祐五年（1053），泉州太守蔡襄在主持修建洛阳桥时，面对洛阳江入海口湍急的江流、汹涌的海

潮，采用了筏形基础，桥墩状如船形，极大减小了水流的冲击力。

但由于桥基的石块之间有罅隙，隐患尚存，于是他又命当地人在桥基和桥墩上养殖牡蛎，用它们将松动、散置的石块胶粘在一起，称作"种蛎固基法"。

这是中国第一个把生物学原理用于造桥的案例，堪称对世界桥梁科学的巨大贡献。在蔡襄的牵线搭桥下，洛阳桥与牡蛎就这样相生相伴，千百年来不离不弃。

不仅如此，为了让牡蛎能够真正发光发热，福建还在全国首创牡蛎产业"生态+"模式，探索出一条牡蛎壳资源转化利用的新路。

在诏安、惠安等地，相关企业与中国科学院、厦门大学等院所深化合作，经过系列技术创新，用牡蛎壳研制生产出土壤调理剂、重金属污染耕地修复剂、水体净化剂等新型生物改良材料，可广泛用于生态环境治理、重金属污染水土改良、水产养殖、环保建材等众多领域。

实践表明，用牡蛎壳制作的土壤改良剂富含钙、镁、锌、铁等多种金属元素及氨基酸，能够有效改良酸性土壤和重金属污染土壤，解决土壤酸化板结、重金属超标等突出问题，产品已出口到英国、日本、马来西亚等多个国家。

□ 明察秋"蚝"

吃货的最高境界莫过于"自己动手，丰衣足食"。由于野生牡蛎常常供不应求，为实现"牡蛎自由"，早在 2,000 多年前的汉代，福建、广东等地的人们就已经掌握了牡蛎养殖技术。到了明代，福建霞浦人郑洪图撰写了《蛎蜅考》，详细记录福建先民发明插竹养蛎法的过程。这是古代最早一篇记载牡蛎人工养殖的渔业专文。

据《蛎蜅考》记载，霞浦竹江岛的渔民经过长期的养殖实践、不断探索，创新发明了竹蛎养殖技艺。他们用一人高、手指粗的竹子扦插在滩涂上来模仿礁石，让牡蛎生长在竹子上，极大地提高了产量，沿海地区纷纷

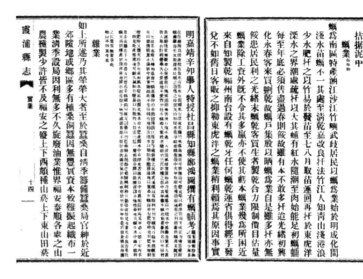

效仿。竹江郑氏竹蛎养殖技艺流传至今，被认为是"中国海蛎养殖历史的活化石"。

福建的牡蛎，味道也是特别好。

自己夸不算数，福建牡蛎可不缺名人背书！明代广东按察使黄承昊，著有《折肱漫录》。在书中，他盛赞福建牡蛎"其味冠海错"，乃是诸多海产中的第一名。

民国才子郁达夫更是忍不住为福建牡蛎"带货"。他在散文《饮食男女在福州》中写道："……但福建的蛎房，却比江浙沿海一带所产的，特别的肥嫩清洁。"他甚至搬出顶级"吃货"苏东坡为福建牡蛎背书，认为要是东坡先生曾经尝过"闽海"的牡蛎，"苏氏子孙，或将永寓在三山二塔之下，也说不定"。这也就是说，要是苏东坡先生尝过福建的牡蛎，连家都能搬到福州来！

好的食材与厨师能够相互成就，福建人更是将蚝的

┌ 泉州蟳埔女正在剥蚵壳（吴刚强 / 摄）

烹饪手法玩得很溜。从牡蛎蒸蛋羹、紫菜海蛎煲，到蛎干粥、海蛎煎、海蛎饼，花样百出。早年间台湾青春偶像剧中时常出现的初代网红小吃蚵仔煎，就是闽南人熟悉的海蛎煎。

□ "蚝"不逊色

牡蛎养殖延续千年，福建人对技术的创新从未停步，陆续发展出棚架式、浮阀式、延绳式等牡蛎养殖技术。今天，福建的牡蛎养殖区遍布沿海各个大大小小的湾区，从事牡蛎养殖相关的产业人员数达 10 多万。

2021 年，福建全省牡蛎养殖面积达 3.7 万公顷，产量 211.2 万吨，均居全国第一，产生了显著的经济效益和社会效益。

福建还大力推进牡蛎种业技术攻关，研发优良新品种，构建从种苗、养殖、精深加工到流通的全产业链，促进现代渔业提质增效。福建创新实施种业"芯片"工程，培育出贝壳金黄、颜色绚丽，生长速度快、品质高的"金蛎 1 号"等新品种。

目前，这类品种已实现规模化推广养殖，平均每亩增产达 10%~30%，经济效益显著提高，曾获 2020 年度全国海洋科学技术奖一等奖。

近年来，国际上大力发展三倍体牡蛎新品种。对此，福建省水产研究所和相关企业联合攻关，形成具有自主研发能力、自主知识产权的关键技术，实现三倍体牡蛎

└ 连江县官坞村定海湾海上田园打捞一串串成熟的三倍体牡蛎（吴其法／摄）

苗种产业化生产，苗种销往广东、广西、山东等地以及越南等东南亚国家。

和传统的牡蛎相比，三倍体牡蛎可谓"不谈恋爱，专注搞事业"，生长速度提高 30% 以上，个头更大、肉质更好、味道更鲜美，在 4 摄氏度下可保活 2 周，物流配送优势明显，已经成为市场上的抢手货，发展前景十分广阔。

福建人，真的"蚝"厉害！

作　　者：陈少毅

千年安澜梦，
木兰溪治水故事

伍

　　木兰溪发源于福建中部的戴云山脉，横贯莆田市中、南部，自西北向东流经仙游县、城厢区、荔城区、涵江区等地，至三江口注入兴化湾，干流全长 105 千米，流域面积 1,732 平方千米，是福建省"五江一溪"重要河流之一。在木兰溪距入海口 25.8 千米处，有一座 200 多米长、形如钢琴的拦河坝，名为"木兰陂"。

　　木兰陂始建于北宋，是中国现存最完整的古代大型水利工程之一，是中国东南沿海地区拒咸蓄淡灌溉工程的独特创造。木兰陂建成已近千年，仍然发挥着引水、蓄水、灌溉、防洪、挡潮、水运的综合功能。

俯瞰木兰陂（蔡昊／摄）

□ 三次筑陂方告成　两岸沧海变桑田

　　木兰溪流域雨量充沛，水位季节变化大。由于河道弯曲、断面狭窄等因素，只要上游一下大雨，下游就水流漫滩，引发洪涝灾害。而且木兰溪与海相连，海水会因涨潮溯溪而上，潮去洪退，盐碱遍地，使得木兰溪两岸的南北洋只生蒲草，不长禾苗。因此，以前莆田的"莆"其实是蒲草的"蒲"。于是变水害为水利，就成了当地百姓长久以来梦寐以求的愿望。

　　北宋年间，木兰溪上的治水者前赴后继，筑坝拦水工程前后经过三次修建，历时20年，第三次方告成功。

　　北宋治平元年（1064），年仅16岁的福州长乐女子钱四娘，有感于莆田人民遭受水患痛苦，倾其家资围堰筑陂。她招募民众在将军岩前垒石筑陂，以挡住海潮，并向南开渠，欲引水灌溉南洋平原田地。工程历经3年

完工，但由于陂址选在河道比较狭窄的地方，虽然降低了成本，却导致抗水流冲击能力不足，刚筑成即被洪水冲垮，钱四娘愤而投水自尽。虽然钱四娘的尝试失败了，但给后人留下了宝贵的建陂治水创想和选址经验教训，故而莆田老百姓至今仍念念不忘钱四娘。

北宋熙宁元年（1068），又一位长乐人林从世继续同乡钱四娘的未竟之志，携家产十万缗来莆田筑陂。他吸取钱四娘失败的教训，将大坝基址选在水流缓慢的下游温泉口。然而，此处虽溪流缓慢，但太靠近兴化湾，海潮汹涌。工程即将完成时，被大潮冲毁，筑陂第二次失败。

第三次修陂是在王安石变法时期。政府下诏请有识的农田水利建设在全国展开。熙宁八年（1075），应诏而来的闽侯人李宏携七万缗钱来莆，以续前人未竟之事。他在长乐籍高僧冯智日的协助下，总结钱、林两次筑陂失败的原因，细心勘定沿溪的地质和水情，最后选择木兰山麓为陂址。这里两山夹峙，溪面宽阔，上游的洪水暴发时，至此水势明显转缓，下游海潮涌来时，力量也大为削弱，是比较理想的陂址所在。

木兰陂建造设计复杂，工程浩大，施工难度大。李宏和冯智日精心设计、缜密施工，还号召莆田当地三余七朱、陈林吴顾十四大户捐钱七十万缗。在民众的大力支持帮助下，历经八年终于完成木兰陂的建造。

□ 木兰蜀堰两丰碑　技术功能各千秋

木兰陂是中国宋代人工建造的水利工程代表作，不

水口口隘水悍竟為怒濤所奪而廢熙寧中天子降詔募能興
痛憤赴水斃繼而同邑林進士從世後以十萬緡來縈趾溫泉
氏女提以金大如斗來縈趾將軍巖下陂方落成忽暴漲潰錢
吾縣以入於海若橫而塘之可灌田萬頃宋治平中初長樂錢
塘國清塘六塘而已後言利者謂永春德化僊游三縣水合趨
焉莆為地瀕海舊時居民種田惟恃橫塘新塘陳塘許塘唐坑
功畏心生也吾每觀天下事而究其成敗未嘗不重致意於斯
事有敗於咸滿而功或成於細微盛滿何敗忽心生也細微何

重修木蘭陂記

周瑛

季和主其施者則都綱大定也餘難殫述卷具於碑之左云俟
名彬宇大賢厥平人

明代周瑛编著《兴化府志》之《重修木兰陂记》（莆田市党史和地方志研究室/供图）

里志祝田千二百頃遇歲旱壗無餘潤畎畬莫能
償種去城南七里有溪欵源自永春德化仙遊會
潤徑之水三百六十有六東歕源入海宋治平元
年長樂錢氏女曰四娘者提金大如斗來築陂子
將軍灘前志作四嶼非是開渠南行陂南成錢女
引棹浴之忽溪流橫溢陂輒壞錢女痛憤遊水死
縣主簿黎畛來視壯錢女志乃長亦携十萬緡來
幸薄隨溺陂已而林進士從世亦長望洋傷悼而波撼
乃相下流定址于溫泉口今上溫泉口迫陞兩旁
堤斷突高陂成而水更湍悍竟決熙寧八年詔慕
修陂於是候官李長者宏應節至宏家居時有異
僧馮智日嘗從宏賞酒不責償一日謂宏曰當奭
于會木蘭山前既宏來智日已先在乃相與涉水
涯以求地脈漫木插竹定基于木蘭山下在錢休
遺址上下流間此處溪廣水漫兩山夾峙左右蜿
以當其衝宏遂頓家貲七萬緡石成陂布石桂
三十二間於溪底潰石之上犬牙扣入互相鈎鎖
陂立水中屹如岡阜共潤三十五丈深二丈五尺

南洋平原　回澜桥　木兰溪　万金陡门　渠南　木兰陂　北　北渠　潮水　北洋平原

《兴化府莆田县志》记载三次修陂过程（林春荣/供图）

木兰陂渠系工程示意图（吴荔三/供图）

仅灌溉规模远远超越了前代，而且在工程规划、建筑、结构等方面达到了同时代的高峰，也为东南沿海灌溉工程提供了优秀的典范，对研究中国古代大型水利工程的建造技术、构筑过程、设计思想、水利文化等，具有重大学术价值和鲜活实例意义。2014 年，木兰陂入选首批世界灌溉工程遗产名录。

木兰陂工程分为陂首枢纽工程和渠系工程两大部分。

陂首枢纽工程由拦河坝、进水闸和导流堤组成。拦河坝全长 219.13 米，全部采用大块体花岗岩条石砌筑，属于砌石堰闸型拦河坝。其靠北岸为滚水重力坝，南岸段为溢流堰闸，设有堰闸 28 孔、冲砂闸 1 孔；进水闸分南北两座，导流堤分南北导流堤。

渠系工程有大小沟渠数百条，总长 400 多千米，其中南干渠长约 110 千米、北干渠长约 200 千米，沿线建有陂门、涵洞 300 多处。

在冲积平原软基地带建造拦河大坝，直到今天还是世界性的难题。木兰陂的闸墩成功借鉴了泉州洛阳桥首创的筏形基础，主体工程基座由数万块成吨重的花岗石钩锁叠砌，在闸墩下游采用将军柱结构，以及独具特色的闸坝结合形式，契合了水力学和土力学原理。

诚如明代莆田进士林俊赞誉"木兰蜀堰两丰碑"，木兰陂在水利史上可与四川都江堰水利工程相媲美，但两者在引水灌溉、排沙、蓄水等方面也存在明显区别。

引水灌溉方面，都江堰采用"鱼嘴"分水工程，把

┌ 木兰陂南端排沙闸（吴荔三／摄）

岷江分成内外二江，分别用于灌溉和排洪。而木兰陂主体工程拦河坝和长达上百里的南北渠，除了排洪和灌溉，拦河坝另有防止海水上溯的重要作用。也就是说，木兰陂既拦住上游来的湍急河水，使之流进南北洋平原，又能有效防止下游的海水倒灌。

蓄水方面，都江堰通过"宝瓶口"起节制闸作用，能自动控制内江进水量。木兰陂拦河坝挡蓄水，结合3条导流堤形成完整的枢纽工程，设有拦河28孔堰闸，用木闸板控制所需水位，可蓄可排。

排沙方面，都江堰的"飞沙堰"作用在于收集水流漩涡离心力抛掷出的流沙，定期进行人工清理，发生洪水时飞沙堰还发挥泄洪的作用。木兰陂则是在南端设冲沙闸，闸底比其他堰闸孔低，以利排沙入海，防止淤塞南洋进水口。

□ "鱼米之乡"经济兴 "文献名邦"美名扬

木兰陂建成之前，河水和潮水的交汇线漂移不定，两股力量相持的结果是四处成灾。木兰陂建成后，拒海水于陂下，引溪水灌溉南北洋平原16万亩农田，实现供水、运输、养殖之利，南北洋平原从此成为美丽、富饶的鱼米之乡。

同时，木兰陂促进了莆田主要内河航道与外运航道舟运网络的形成，解决了莆田人民生活、劳动、农业、工业、商业等方面的交通运输困难。《木兰陂水利记》

┌ 南北洋水系（蔡昊／摄）

载："陂成，而溪流有所砥柱，海潮有所锁钥。河成而桔槔取不涸之流，舟罟收无穷之利。"

水患减轻，在木兰陂庇护下的万千百姓开始有条件去追求渔樵耕读的生活，也逐步奠定了"海滨邹鲁、文献名邦"的物质基础。莆田的科举人数一下子激增起来。宋代每 42 名进士中就有 1 名莆田人。历史上，莆田出了 2,482 名进士、21 名状元、17 名宰辅。

□ 科学综合治水　实现造福于民

木兰陂展现了古人治水的决心和智慧，基本驯服了河海交攻、水流漫野之灾，但并没能让莆田人民彻底告别洪水的袭扰。特别是木兰溪上下游落差大，上游来水速度较快，如果碰到天文大潮和强降雨，就会形成洪、涝、潮三碰头，而下游河流有多达 22 个弯道，洪水极易在两岸形成漫溢，带来严重的洪涝灾害。据 1952—1990 年近 40 年的资料统计，木兰溪平均每 10 年发生一次大洪水，每 4 年发生一次中洪水，小灾几乎年年有。

1999 年 10 月，强台风导致木兰溪再次洪水泛滥，莆田将近 6 万间房屋倒塌，45 万亩农田被淹。时任福建省委副书记、代省长的习近平在视察灾情后，提出"是考虑彻底根治木兰溪水患的时候了"。

但是，特殊的自然条件给木兰溪治理带来技术难题。软基河道、弯多且急、冲刷剧烈，建设一道能抗御 30 年一遇洪水的堤防，工程技术上必须裁弯取直、新挖河道。其中最为突出的是两个技术难题：一是木兰溪下游河道蜿蜒曲折、行洪不畅，裁弯取直后抗冲刷难度巨大；二是木兰溪属于沿海淤泥地质，在此基质上筑堤，无异于在"豆腐上筑堤"。

为此，习近平同志先后四次来到木兰溪现场调研，多次听取并实地检查治理方案和技术准备，强调一定要"科学治水"：既要治理好水患，也要注重生态保护；既要实现水安全，也要实现综合治理。

为了破解"豆腐上筑堤"和软土抗冲刷的世界级难题，习近平同志特地请来了国内权威水利专家，终于找到了软体排技术，并通过了水利部的技术鉴定。

为了让裁弯取直对自然原生态的影响减到最小，国内水利权威专家为木兰溪治理设计了全国首个物理模型，在木兰溪张镇段进行实验。1999 年 12 月 14 日，习近平同志来到木兰溪调研实验结果，确定成果可行，已具备开工条件。

同年 12 月 27 日，福建省委省政府将全省冬春修水利建设的义务劳动现场安排在木兰溪畔。习近平同志在现场说："今天是木兰溪下游防洪工程开工的一天，我们来这里参加劳动，目的是推动整个冬春修水利掀起一个高潮，再有也就是我们支持木兰溪的改造、这个工程的建设，使木兰溪今后变害为利、造福人民。"

在习近平同志的亲自推动下，历经 20 多年持续综

闽人智慧 FUJIAN WISDOM

┌ 木兰陂全景（敖玉龙 / 摄）

曾经的木兰溪河道玉湖之畔，如今伫立着莆田市图书馆、科技馆、青少年宫（蔡昊／摄）

莆田的"城市的绿肺"——木兰溪支流延寿溪岸边的绶溪公园（蔡昊／摄）

合治理，木兰溪全面实现了"变害为利、造福人民"的目标。

从曾经的洪水肆虐到如今的安澜清波，这条 100 多千米长的河流，见证了一座城市、一个流域的时代巨变。历经千年的木兰陂，周边已变身风光优美的亲水公园，治水先贤们的雕像静静伫立在木兰溪畔，看着他们曾为之付出生命的河流，经过闽人近千年的努力，特别是中国共产党领导下的科学治水、系统治水，已经变化成为发展之河、幸福之水。

2022 年 5 月 19 日上午，在福建省重大水利工程集中开工视频动员会上，中国重大水利工程之一的福建莆田木兰溪下游水生态修复与治理工程启动。沿着习近平总书记指引的方向，木兰溪综合治理开启了新一轮的绿色变革。

作　　者：陈　霖　余　静

万鸟翔集，湿地保护的闽江河口样板

陆

"我觉得我的生命的风帆，已从蔚蓝的海，驶进了碧绿的江。"1911 年冬季，自记事起第一次回福州的冰心，从银装素裹的北国来到闽江口，望见眼前的青山碧水，惊讶而欢喜。

冰心笔下描写的，正是江海交融、润泽生命的闽江河口湿地。这里绿水开阔，芦苇摇曳，万鸟翔集，一派勃勃生机。

为守护好这块大自然馈赠的生态瑰宝，20 年来，福州市深入贯彻落实习近平生态文明思想，积极探索闽江河口湿地生态系统保护与发展的科学路径，实现了从征服自然到人与自然和谐共生的绿色蝶变，让生态"失地"重回"湿地"。

□ 全球最为濒危物种的关键庇护所之一

湿地与森林、海洋并称全球三大生态系统，被誉为"地球之肾""淡水之源""物种基因库"。福建境内水系发达，沿海滩涂宽广、港湾众多，湿地面积超过 18 万公顷。

闽江是福建省最大的独流入海水系。江流奔腾，从武夷山脉磅礴而出，一路裹挟着泥沙，经过 500 多千米的跋涉和沉淀，在闽江河口与大海交汇处，形成了福建最优良、面积最大的原生态河口三角洲湿地——闽江河口湿地。它地处福州市长乐区东北部闽江入海口，衔接台湾海峡，地跨 3 个乡镇、13 个村，自然保护区总面积 2,100 公顷。

在自然力量和人类活动的共同作用下，这片湿地成为各种候鸟、大型海洋动物和周边渔业—农业传统社区赖以生存的根基。在全球 9 条候鸟迁徙路线中，东亚—澳大利亚迁徙路线拥有的候鸟种类和数量最多，闽江河口湿地就在这条迁徙路线上，成为候鸟迁徙的重要驿站。

闽江河口湿地何以受到候鸟青睐？

因为闽江河口湿地是东洋界华南雨林生物地理省和古北界华中亚热带森林生物地理省在亚洲大陆海岸线上的交汇点；其近海区域是暖温带西北太平洋区和中国南海区的交汇海域。特殊的地理位置以及由闽江串起的海、陆生态过程，造就了一系列独特的湿地和近海类型栖息

┌ 中华凤头燕鸥展示
优雅身姿（陈林 / 摄）

┌ 闽江河口湿地（林双伟／摄）

地，使其成为一些全球最为濒危物种的关键庇护所。

这里既是全球濒危物种黑脸琵鹭、全球极危物种勺嘴鹬等候鸟越冬区的北缘，又是全球极危物种中华凤头燕鸥的繁殖区和以鸿雁、小天鹅为代表的雁、天鹅类候鸟越冬区的南缘，是名副其实的鸟类王国。

其附近海域也是全球海洋物种最为丰富的区域之一。闽江河口记录有鱼类 111 种。由闽江携带入海的大量营养物质滋养出的丰富鱼类和底栖生物资源，吸引了数量众多的候鸟聚集，也使这一海域成为近海活动的中华白海豚、印太江豚，以及进行长距离洄游的伪虎鲸三种海洋哺乳动物的栖息地。

绵长的海岸线上，闽江河口就像一颗生态明珠，既可供世人窥见中国东部沿海自然历史的演进过程，也可探索人与海、陆生态系统如何共存并实现可持续发展。

□ 从"垂危"到"重生"

┌ 正在闽江河口国家湿地公园巡查的管护员（闽江河口国家湿地公园管委会 / 供图）

碧水蓝天，芦苇摇荡。清晨五点多，长乐潭头镇克凤村村民林发金趁着退潮，来到闽江河口湿地巡逻。之前，他是湿地里的养殖大户，拥有上百亩的对虾、海蛏、红蟳等养殖基地。退养还湿后，他被聘为湿地专职管护员。

从湿地"利用者"到湿地"守护者"，林发金的身份转变诠释了人与自然进退之间的关系。

世纪之交的闽江河口湿地是这样一番景象：填海造地频发、养殖鱼塘比比皆是、污水肆意排放、垃圾遍布滩涂、外来入侵物种互花米草疯狂蔓延……湿地生态日益恶化，候鸟类赖以生存的食物失去生长环境，很多候鸟不愿再驻足停歇。

习近平总书记高度重视湿地保护工作，早在福建工作期间，就强调建设生态省必须重视对湿地的保护。

一场闽江河口湿地保护行动就此拉开序幕，推进湿

⌐ 闽江河口湿地采用"刈割＋旋耕"治理互花米草（闽江河口国家湿地公园管委会／供图）

地立法、划定湿地管控红线、实行湿地严格管理、创新湿地生态恢复模式等一系列保护与治理举措密集推出。

叫停不合理项目。福州毅然决定，撤销已列入"十五"计划的鳝鱼滩湿地围垦项目，变围垦为保护。

阻击互花米草。互花米草根系深厚繁密，严重挤占红树林、水鸟、底栖生物等的生存空间。保护区探索采用"刈割 + 旋耕"方式，清除 4,500 多亩互花米草，取而代之的是长势良好的红树林、海三棱藨草、芦苇等生态植被。

启动退养还湿。保护区回租、回收水产养殖塘，将 3,000 多亩水产养殖塘改造成适合鸟类栖息、觅食的乐园。如今，退养还湿区域正逐渐成为候鸟利用率最高的

┌ 红树林生长繁茂
(闽江河口国家湿地公园管委会 / 供图)

栖息区域，观测到的单日水鸟数量最多达 5,500 只，是改造前的 3 倍。

建立长效机制。《福州市闽江河口湿地自然保护区管理办法》《福建闽江河口湿地生物多样性保护与恢复工程建设方案》等相继颁布，《福建省湿地保护条例》也于2017 年开始施行，为湿地保护和地区发展提供制度和法律支持。

......

从 2003 年设立县级自然保护区，到 2007 年建立省级自然保护区，再到 2013 年升格为国家级自然保护区，闽江河口湿地只用了十年时间，便完成"三级跳"。

福州观鸟爱好者杨金见证了这一生态保护"闽江实践"的明显成效。2003 年，杨金第一次在闽江河口湿地

┌ 闽江河口国家湿地
公园建立生态司法保护
基地（闽江河口国家湿
地公园管委会／供图）

┌ 闽江河口湿地改造后的生态鸟岛成为鸟儿的乐园（张人峰／摄）

观测到全球濒危鸟类黑脸琵鹭。此后每年冬天，这里都能发现数百只黑脸琵鹭的踪迹。许多黑脸琵鹭还在这里长年驻扎，成为常客。

"冬去春来，南来北往，是冬候鸟的习性。"但杨金发现，三四年前开始，十几只亚成鸟坚守闽江河口湿地度夏，直到性成熟后才北迁繁殖。"从过境到越冬，再到成为'长住客'，它们是生态变化的风向标。"

除了黑脸琵鹭，被誉为"神话之鸟"的中华凤头燕鸥每年也在闽江河口湿地留下了"恋爱"的足迹。全球仅 200 多对的勺嘴鹬，每到冬天也会在这度过最快乐逍遥的时光。"闽江三宝"齐聚，闽江河口湿地成为全球少数可以观测到这三种世界级珍稀鸟类的地方。

最新数据显示，闽江河口湿地野生动植物现已恢复到 1,089 种，其中水鸟 152 种，年均栖息该湿地水鸟数量超 5 万只，黑嘴端凤头燕鸥、卷羽鹈鹕、遗鸥等众多全球极危及濒危鸟类频现。

"芦苇摇荡绿水悠，留鸟候鸟满洲头。"过去 20 年间，全球水鸟数量呈下降趋势，闽江河口湿地却逆势上升，重现几乎消失在人类视线的珍稀鸟类，成功蜕变为"清新福建"重要生态名片、中国十大魅力湿地和全球濒危物种聚集地。

□ 千顷湿地福泽一方百姓

湿地保护能否成功，破解保护和发展的矛盾是关键。

┌ 黑脸琵鹭在闽
江河口湿地悠然觅
食（林曦／摄）↖

┌ 勺嘴鹬闲庭信
步（陈林／摄）←

何去寻觅鸟的福建

086 - 087

福州市林业局相关负责人介绍，经过多年努力，闽江河口湿地国家级自然保护区逐步探索出了一条湿地生态系统保护与发展的新路径。

对此，闽江河口湿地国家级自然保护区管理处主任郑航深有体会。"青山绿水真是无价之宝，闽江河口湿地保护也给人们带来了丰厚的生态福祉。"自然保护区通过实施生态补偿、就业扶持等政策，把原先从事养殖的农户聘为湿地专职管护员、协管员，既解决了村民就业问题，让湿地生态冲突者转变为主动保护者，也提升了乡村居民的湿地保护意识，构建了生态保护合力。

同时，为了让人们共享生态保护成果、助力周边乡镇乡村振兴，闽江河口湿地国家级自然保护区的西南侧

还建起了集湿地保护恢复、科研监测、宣传教育、湿地观光、休闲度假等为一体的闽江河口国家湿地公园。每到节假日，前来游览观鸟的游客络绎不绝。随着生态旅游、文化康养等项目纷至沓来，湿地保护区与区域产业实现了可持续发展，一座闽江口渔湾生态旅游小镇呼之欲出。

此外，闽江河口湿地国家级自然保护区还积极开展生态教育，让更多的群体，特别是青少年，接触了解湿地。2021 年，杨金所在的福建省观鸟协会与闽江河口湿

┌ 闽江河口湿地开展鸟类调查（闽江河口国家湿地公园管委会 / 供图）

┌ 闽江河口湿地举办
观鸟活动（闽江河口
国家湿地公园管委会 /
供图）

地国家级自然保护区管委会签订为期十年的合作协议。
"我们将为不同年龄段的中小学生量身定制自然教育课
程，不定期组织青少年前来参加研学活动。"随着多层
次、全方位的宣传教育体系的建设，越来越多的人成为
湿地生态系统的守护者。

在重塑闽江河口湿地的过程中，自然保护区实施了
生态修复、科研监测、共享共治、产业提升、生态守护、
开放合作等六大生态核心工程，恢复和提升了湿地生态
系统的整体功能，构建了系统完备、科学规范、运行
有效的湿地生态保护机制，形成了湿地保护的"闽江模
式"，成为生态文明建设新理念的成功实践。

2021 年 7 月第 44 届世界遗产大会期间，作为国家

自然保护区最佳实践案例，闽江河口湿地可持续发展模式通过世遗青年论坛向全世界推广。

□ 湿地保护故事翻开新篇

近 20 年前，正是得益于习近平总书记的亲自关心推动，闽江河口湿地自然保护区得以建立，湿地保护迎来转折点。

20 年后，在"绿水青山就是金山银山"生态文明理念的指引下，闽江河口湿地保护行动接续推进、迭代升级，闽江河口湿地的独特价值也更加凸显。

当前，福州市正推动闽江河口湿地申报世界自然遗产，从"武夷山国家公园—闽江—河口湿地—台湾海峡"

的完整生态系统视角出发，启动闽江河口湿地保护方案全球征集，加快推进山水林田湖草沙（海）一体化生态保护修复，还将带动罗源湾、连江敖江口、福清兴化湾等地发展，共同形成闽东沿海串珠状生态湿地格局，打造湿地生态保护修复全球样板，使湿地成为人与自然和谐共生的人居典范。

在今天的闽江口，我们能同时见证澎湃于山海之间的勃勃生机和人类延续千年不断进步的社会形态，也能读取人与海洋间一段从开发到保护、从对抗到和谐的历

┌ 闽江河口国家湿地公园全景（陈暖／摄）

史经验。闽江河口湿地保护实践为我们思考在当今日益
拥挤的星球上如何加强海陆生态系统保护，更好地善待
海洋、善待湿地提供了有益启示。

作　者：余少林　冯雪珠　覃作权　长　轩

步道弯弯，连接青山绿水的福州福道

行走林梢上，穿梭森林间，漫步溪河边，耳边是鸟鸣虫吟，沿途是绿草繁花。在福州，这种满满的幸福感正在成为一种常态。

此生态之福，来自一条条穿行城中的福道。作为城市生态空间建设的点睛之笔，福道把山、水、人、城融为一体。弯弯福道通向远方，诗意幸福隽永绵长……

□ 福道，孕育于山水之中

福州是一个多山的城市，长期流传着"三山藏，三山现，三山看不见"的民谚。北宋熙宁十年（1077），政治家、文学家曾巩由江西调任福建，从老家江西南丰出发前往福州，苦于路途劳顿，不禁感叹："山相属无间断，累数驿乃一得平地。"

这座有着 2,200 多年建城史的山水城市，青山绕城、河网纵横，仅中心城区就有 58 座山体。虽坐拥"山在城中、城在山中"的独特风景，人们却一度"看山不进山，见绿难享绿"。

如何既让青山绿水得到精心保护，又让百姓共享山水之乐，始终是福州市反复思考和努力破解的问题。在以人民福祉为中心的发展思想和"绿水青山就是金山银山"理念的指引下，福州加快人与山水和谐共生的探索。

然而，福州山多地狭，人均建设用地仅 70 平方米左右，远低于全国平均水平，在城市中大面积新建公园显然不现实。现状倒逼城市建设者想方设法，尝试通过步道把山体融入城市公共开放空间，转化为人人共享的绿色福利。

只有顺应自然，才能驾驭自然。

福州对城市山水资源进行系统盘点，对各个山体进行分级保护。乌山、于山、屏山等历史名山再现古韵。其余山体则以"用"促"保"，通过建设多样的山地公园和步道，让越来越多市民走进大自然、亲近大自然，也

金鸡山公园栈道实现从城市中心走进自然森林（程惠萍／摄）

更加自觉地守护共同的绿色财富。

　　十年绿色前行，福州现拥有山地步道总长 131 千米，与 501.7 千米滨水绿道、200 多条传统老街巷紧密相接，379 个串珠公园、1,022 个街头公园举步可达，一条条休闲慢行系统融进了城市肌理，串起了绿色生活。这既是福州城市森林步道，更是百姓的幸福之道。

　　"福道"之名由此而来。

□ 福道，承载着闽人智慧

　　短短几年，福道先后揽获国际建筑奖、新加坡总统设计奖、人类城市设计奖、中国土木工程詹天佑奖等国内外大奖。

　　福道有何过人之处？正是在一次次迭代升级和自我超越中，以社会、经济、环境效益最大化的理念为引领，福道在生态保护与步道建设之间找到平衡点，从而得以在同类工程中不断引领风骚。

＼ 福道 1.0 版——金鸡山公园栈道

　　福州东郊山重水复，曾是古代游览胜地。一生热爱八闽山川胜迹的清代著名盐商魏杰，就选择在金鸡山结庐而居，于山水间怡然自乐。

　　岁月长河淘尽无数风物，金鸡山日渐沉寂。直到 2012 年，金鸡山公园动建福州首条无障碍山地绿道，通过空中廊桥连接温泉公园，如诗胜景才"揭开面纱"。

长达 2,650 米的钢结构桥梁飞架于陡坡之顶，在海拔 80~90 米成就 360 度观景的高空览城栈道，茉莉花花瓣造型的观景平台如瑶台飞来，遗落山间。

脚踏"茉莉花瓣"、远眺榕城美景，俱是赏心乐事。2015 年春节期间，览城栈道一经开放，即吸引 40 多万人次的游客慕名而来。

"金鸡山公园栈道实现从城市中心走进自然森林。美中不足的是，施工便道需要进行生态修复，栈桥造型也稍显笨重。"福州市规划设计研究院集团有限公司副总经理王文奎说。这些成为福道 2.0 版的突破方向。

Γ 金鸡山架起以钢结构为主的 2,650 米桥梁式高空览城栈道（吴伯锋／摄）

┌ 金鸡山观景平台采用福州市市花茉莉花花瓣造型（包华／摄）

﹨ 福道 2.0 版——金牛山城市森林步道

《闽中记》记载:"昔有渔父垂钓得金锁,引锁尽,见金牛奔涌。渔者急挽至岸,牛断,犹得锁长二尺。"之后金牛沿闽江北驰,化作一座青山,故称金牛山。

神话塑造的金牛山,而今正在创造"神话"。

2015 年,金牛山城市森林步道动建。建设者对生态保护和艺术美感的追求近乎严苛,在借鉴新加坡亚历山大城市森林步道建设经验的基础上,持续创新与探索,展开了一场别开生面的人与山的对话。

作为目前亚洲最长的连续性、无断点全钢结构林端步道,总长约 9 千米的金牛山城市森林步道主轴线依山脊顺势而建,把城市与江、湖、人文、自然紧密缝合。镂空的栈道桥面达到无障碍通行标准,让行动不便的市民也可以走入森林。轻巧通透的材质加上落地的"Y"形单柱,使步道的建设对地面几乎不造成任何损伤。透光透水的格栅板,让栈道下方的每一寸草木都不会错过阳光雨露的滋养。

建筑艺术的造型体现精神内容与审美理想。细看步道,巧手打造的预制钢结构线形自然优美,空间起落回转,造型轻巧灵动,犹如一条空中飘带在林间穿梭,让园林艺术美学和工业标准化实现了和谐统一。

这里的施工是"静悄悄"的。为护好山体,施工时不用大型机械开山破路,多功能全装配式栈道铺设机派上用场,把已落地成形的桥段当作施工便道。开创性的吊装接驳技术使铺设机可以在下方接力运输，解决了栈道"回头弯"处设备无法通过的难题。

"金牛山城市森林步道组合游线总长约 21.2 千米，开创了中国钢架悬空栈道先河，超长森林步道的人性化设计技术、钢结构制作安装设备研制及应用技术、栈道结构多元化模块融合设计技术和山地密林环境下绿色生态建造技术等 4 项创新，均达到国际领先水平或国际先进水平。"王文奎说。

＼＼ 福道 3.0 版——福山郊野公园

尽管金牛山城市森林步道几近完美，但也留下了夏天有点晒、宽度较窄、不宜结群步行等小遗憾。再出发的福道建设者们将目光投向福州西北边的灵山秀水。

据《元和郡县志》，福州得名是"因州西北有福山"。关于福山在哪，上千年来众说纷纭。如今再问福州人，答案一定有"福山郊野公园"。

从福山到福道，闽人对"福"的追求在山水间激扬。2016 年开建的福山郊野公园更加注重保护原生态自然植被，通过郊野福道连通 3 座山体、36 个景观节点，并与部分住宅区、办公区交错相邻，打造人与自然和谐共生的新样板。

"宜路则路、宜桥则桥、宜洞则洞，是郊野福道最大亮点。"王文奎表示。若是从空中俯瞰，步道于苍翠山林间蜿蜒，若隐若现，山、水、人、城，交融得更为紧密。

┌ 夜幕降临，福道犹如一条空中飘带穿梭在山林之间（陈霖／摄）

└ 福山郊野公园打造人与自然和谐共生的新样板（陈龙辉／摄）

┌ 桥梁、路基混合型山地步道让市民零距离感受山林乡野风貌（林双伟／摄）

机关单位、软件园、居民区、学校……片区内各种城市功能区错综复杂，如何既保护山形地貌，又保证全线同时达到 4~6 米宽度、坡度小于 8% 的设计要求，来满足不同对象和不同规模群众的活动需求？郊野福道巧辟蹊径、化劣为奇，以最优线位匹配山地环境。

福山郊野公园中心是茂密的山头，如何建设关系着数千平方米的天然植被。依托福建领先全国的隧道技术，福州首个隧道不用爆破，在"静音模式"中建设的公园出现了。走进隧道，俨然进入一个原生态茶文化长廊，歇脚品茗间亦能邂逅福州的市井气息。福州市民为此新景取名"福光隧道"："隧道光线照入，给人带来希望和福气。"

┌ 郊野福道宜路则路、
宜桥则桥、宜洞则洞
（林双伟／摄）

得益于因山就势的设计理念，又有"模数化预制装配"桥梁、路基段"多填少挖"等创新方式，福山郊野公园既保护了原生态自然植被，也让市中心繁华景观与山林乡野风貌遥相呼应。如今，漫步于这座桥梁、路基混合型山地步道，人们于高处可览城远眺，居山谷则空寂幽静，步林荫拂山风之悠然，出隧洞感豁然之意境。

☐ **福道，诠释了生态文明**

随着福道从 1.0 版到 3.0 版的探索升级，山、水、人、城的对话也日渐和谐交融。这篇合力写就的山水文章，让福道成为生态文明建设系统工程的组成部分和生动案例。

福道梅峰山地公园段是福州第一座山地类海绵公园。这里三面环绕青翠山林，中间涵养一汪湖水，钢结构栈道从湖中蜿蜒而上，顺着山势与福道主轴线相连。

其实，湖体的前身只是一口废旧鱼塘，周边山体裸露。园林设计团队以海绵城市理念为依托，巧手改造鱼塘，将其升级为美丽的归水潭。生态修复补植之后，每到秋天，火红的池杉、乌桕，金黄的银杏、朴树就会为公园披上一层彩妆。来此安家的鸟类等野生动物越来越多，水中的野鸭，山上的山麂、松鼠等时常可见。

福山郊野公园也处处体现城市双修（生态修复、城市修补）与海绵城市的生态理念，经过生物栖息地环境营造、林相优化、生态保护修复等举措，这里已成为中

1	3
2	

┌1 郊野公园以"城市双修"和海绵城市的理念为指导,打造了茉莉园(林双伟／摄)

┌2 福道梅峰山地公园段坐拥山水之美,是福州第一座山地类海绵公园(陈成才／摄)

┌3 废旧鱼塘经过系统改造,已变身为美丽的归水潭(陈鹤／摄)

┌ 福山郊野公园与福州软件园融为一体，形成"园中有园、园中有城"生态格局的典型（林双伟／摄）

心城区生物多样性最丰富的区域。目前，福山郊野公园有植物 217 种、两栖类及昆虫 553 种、鸟类 138 种。"福道最长、生物多样性最多、观鸟道最美"是市民对它的一致评价。

福山郊野公园还是福道建设中"园中有园、园中有城"生态格局的典型。这里的另一个"园"，指的便是福州软件园。公园将软件园 7 个片区和周边生活区紧密串联，无论是步行还是乘公交车，都能顺畅直达，让福州软件园成为"花园中的软件园"，吸引了大批数字经济企业慕名落户。据统计，公园开放以来，平均每天游人约 1 万人次，周末 3 万多人次，全年 500 万人次以上。

登福道、看福山、览福地，以"福"字命名的景观遍布郊野公园，成为市民游客打卡的好去处——福字坪上，全市最大的"福"字摩崖题刻高达 4.5 米，气势雄伟；福光隧道前，"福"文化墙介绍了福州传统文化和美德，寓教于游；祈福台打造了"五福石"特色景观，体现着祈福盼福、崇福尚福的文化。

从人迹罕至的郊野山坡，到老少皆宜的休闲公园；从路人掩鼻的黑臭沟渠，到碧波荡漾的美丽内河……福州正在把真山真水变成造福市民的真宝

⌐ 游客在福山郊野公园的"七溜八溜，不离福州"石刻前打卡拍照（叶义斌 / 摄）

贝,让群众享受更多绿色福利。

□ 福道,编织出幸福生活

沿着习近平总书记指引的方向,福州正在全力打造生态休闲空间,实实在在提升老百姓的幸福感。

现在,福道不仅串起了象山、后县山、梅峰山、金牛山等山体,连接了屏山公园、西湖左海、福山郊野公园,而且将山道与巷道、水道相互串联,市民和游客可以"看山、望水、走巷、忆乡愁",尽享绿色美景,感受

┌ 水系综合治理后的白马河重现光彩，已成为一条水清河畅、岸绿景美的城市漫道（叶义斌／摄）

福州之"福"。

　　以城区水系综合治理为契机，流花溪、晋安河、白马河等一条条滨河绿道绵延开去，真正实现"树不断、路不断、林荫不断、景不断、灯不断、设施不断"，重现元代诗人赵文昌所写"城绕青山市绕河，市声南北际山河"的景象，沿线滨河绿带、串珠公园串起有福之州的"绿岛链"，成为福道新的延伸。

　　"城里三山古越都，楼台相望跨蓬壶。"2,200 多年的岁月风华，给福州古城留下数不胜数的历史印记。如今，福道向内衔接文化资源密集区，向外串联周边特色片区，除了三坊七巷、上下杭、烟台山等历史文化街区，鳌峰

坊、中山路、北院巷、能补天巷、卧湖路等诸多老城内的街巷也逐步与山水福道相连，成就了历史文脉与现代文明交相辉映的城市慢行系统。

"一头连接城市，一头连接自然"的福道不仅成为城市绿色发展的快车道，更成为居民尽享山水之乐的幸福道。拥山水之势的福州，将创造更多福道建设的智慧与成果，以"有福之道"更紧密地编织百姓的幸福生活。

20 世纪 90 年代，时任福州市委书记的习近平同志主持编制了《福州市 20 年经济社会发展战略设想》（简称"3820"战略工程），科学谋划了福州 3 年、8 年、20 年经济社会发展的方向、目标、路径。2021 年 3 月，习近

┌1 连着冶山
历史风貌区的中
山路整治一新
（原浩／摄）

┌2 鳌峰坊打
造书院文化，赓
续闽都文脉（倪
榕生／摄）

┌3 晋安河畔
鸟语花香、绿意
绵延，如一幅嵌
在城市中央的美
丽画卷（何小军
／摄）

平总书记来闽考察期间表示，"我当时给福州的定位是建设'海滨城市''山水城市'。""现在的建设都符合这个方向，跟我们当时设想是一致的，而且发展得比我们设想还要好。"并叮嘱，建设好管理好一座城市，要把菜篮子、人居环境、城市空间等工作放到重要位置切实抓好。

2021 年，福州市"十四五"规划和 2035 年远景目标纲要提出，坚定不移贯彻落实"3820"战略工程思想精髓，加快建设社会主义现代化国际城市，深化生态文明建设，维护绿水青山格局，构建高质量生态系统，并把建设串联城乡的千里福道列入福州绿色生态"十百千"工程。

跨越 30 年的接续奋斗，为的是同一个目标——把福州建设成为海滨城市、山水城市，让有福之州更好地造福于民。

作　　者：孙　漫　莫思予　覃作权

穿风跨海，震惊世界的平潭海峡公铁大桥

捌

这里的惊涛骇浪与百慕大、好望角齐名，这里是世界三大风暴海域之一，6级以上大风天一年超过300天；

这里无风也起浪，水流速度相当于长江中下游洪峰，潮差最高超过7米；

这里小岛棋布、地质复杂，坚硬如铁的光板岩石是打桩建墩者的噩梦；

……

这里，是被称作"建桥禁区"的世界著名风口——平潭海峡，风大、浪高、流急、岩硬。

但自2013年起，7年时间，一座世界上最长的跨海公铁两用大桥却在此拔地而起——它，就是平潭海峡公铁大桥。

┌ 平潭海峡公铁大桥（念望舒 / 摄）

□ 狂风巨浪之下练就"绝技"

平潭海峡公铁大桥，是福州至平潭铁路和长乐至平潭高速公路共用大桥，采用合建方式，跨越海坛海峡北口，是世界最长、也是中国第一座公铁两用跨海大桥。

平潭海峡公铁大桥全长 16.34 千米，全桥钢结构用量 124 万吨，混凝土用量 294 万立方米，其用钢量和混凝土总方量均是迄今为止国内外桥梁之最。

桥址所处台湾海峡海域环境复杂，建设条件恶劣，施工难度极大，大桥因此被桥梁界公认是世界上建设难度最大的桥梁，堪称"超级桥梁工程"。

平潭海峡"盛产"大风。

⌐ 穿着救生衣的工人在铝钢板组成的桩孔平台上施工（念望舒 / 摄）

这里的风，能有多大？毫不夸张地说，大到台风需要到这里深造，大到比起在平潭堆一个10厘米高的沙雕，西西弗斯更愿意回到山上去推石头。

在这样的风力条件下造桥，难度不言而喻。

风高浪涌，平潭海峡海域的波浪力是长江等内河的10倍以上，全年6级以上大风天超过300天，而根据规范要求，大于6级风时现场起重吊装机械是不能作业的。

有时浪高5米，刚打好的钢管桩，第二天早上再看时，就被冲歪了。

又因为平潭是海岛，所有的材料都要通过海运送达，风一大船就停了，对物流工作影响非常大。

2015年8月，台风"苏迪罗"携带15级大风呼啸而来，施工现场刚刚钻好的钻孔，成孔后受大浪冲击而塌孔，最后只能花几个月时间处理掉落的钢护筒，然后在海底注浆，加固地层，重新钻孔。

面对"建桥禁区"的种种考验，唯有创新才能突破。监测风浪潮的技术创新便是大桥建设者们施展出的"绝技"。

为了摸清桥址附近风浪的"脾气"，承建方中国铁建大桥局专门建立了一个"复杂海洋环境的风浪检测技术研究"课题，并开发了一套预报监测平台。

他们在全桥布置了47台风速仪、3台波浪仪，监测数据传回到武汉桥梁科学研究院的数据处理中心进行分析，结合平潭海域海浪天气的公共预报进行神经网络

◄ 搅拌船"铁建砼01"号伸出红色巨臂将混凝土输送至高达22米的37号墩顶部（念望舒／摄）

关联。

这一系统实现了桥址3到7天内的风力和海浪预报，可精确到具体桥墩，成为帮助项目施工"借东风"的"诸葛孔明"。

经过前期的摸索，施工人员对风大、浪高、水急的施工条件限制有了办法：一方面减少现场作业，尽可能预制构件；另一方面，创新风屏障技术，增加可作业时间；同时，研发新装备，提升打桩、吊装等现场施工水平。

为解决整体钢桁梁重心顺桥向不对称、海上吊装受风浪影响摆动大等难题，"大桥海鸥"号应运而生。

"大桥海鸥"号是中铁大桥局打造的自航双臂架变幅式起重船，是国内起重量最大、起升高度最高的双臂架起重船，最大吊重3,600吨，主钩最大吊高110米。

2018 年 1 月 22 日，该船成功将吊重 3,400 吨的钢桁梁架设到大桥墩顶，刷新了世界桥梁整孔钢桁梁架设的重量纪录，填补了中国斜拉桥大节段钢桁梁整孔吊装架设的技术空白，实现钢桁梁桥梁架设施工由单片架设到整节间架设再到整孔架设的飞跃。

□ 世界直径最大的"定海神针"

平潭海峡的海底地质条件复杂，建造大桥所穿越的岛屿两侧海床几乎全是裸露的坚硬花岗岩。

2015 年，大桥开始打桩，水面看钢管桩在一点点往下走，却一直无法竖稳。原来是由于海底岩石太硬，钢管桩底部被挤压得往回卷，一层一层堆在底部，根本就没打到岩石里。

┌ 钢桁梁定位完成后，工人在连接板上钉入冲钉，固定桁梁（念望舒 / 摄）

坡面长达 1.5 千米的连续倾斜裸岩，13 个桥墩全要放到上面。常规来说，一座跨海跨江大桥，这种条件的桥墩只有一两个。

在风大浪急的海面施工先要站稳，为此中国铁建大桥局研发出国内首创的"深水裸岩区埋植式海上平台"。

打造这种平台先要借助海底扫描技术摸清钢管桩所在位置的海底情况，工人需将若干根合适长度的钢管桩放到预定位置，再用横梁将这些钢管桩焊接成一体，用冲击钻穿过每根钢管桩，在海底岩石上钻出深度为钢管桩直径 1 至 2 倍的桩孔，注入混凝土铆桩，形成一个几条腿的"板凳"，再向外扩展为深水裸岩钻孔施工平台。

世界直径最大的桥梁桩基嵌岩桩，成为大桥站稳脚跟的"定海神针"。

这种桩插入岩层的部分桩径达到 4.5 米，通过桩径变粗增加硬度，也减少钢管桩的数量，从而缩短施工周期。

如何将钢管桩精准打入坚硬的海底岩石成为新的挑战。中国铁建大桥局自主研发了世界最先进的 KTY5000 型液压动力头钻机，将直径 4.5 米的嵌岩桩钻进坚硬的海床。

向创新要解决答案，在平潭海峡公铁两用大桥的修建过程中，这样的例子比比皆是：为解决海上安装简支

┌ 全国首创的双孔连做节段拼装造桥机（江信恒／摄）

大桥通车（林映树 念望舒／摄）

钢桁梁上部结构的困难，建设者采取工厂化制造，将钢桁梁直接在工厂焊接成重约 1,490 吨的整孔钢梁，用特制船舶运至待架位置进行架设，该技术是国内同类桥梁首次应用；为解决单孔造桥机作业时间长、成桥速度慢、海上高空作业风险大等问题，研制出了国内首座"双孔连做节段拼装造桥机"，并获得国家专利；自主研制大型液压动力头钻机，可一次成孔直径 5 米钻孔桩，成功建设世界上桩径最大的桥梁工程桩……2019 年 9 月 25 日，平潭海峡公铁大桥全线合龙贯通。

7 年间，这座被称为"圆梦桥"的超级工程创造了埋植式钢混组合海上平台、双孔连做节段拼装造桥机、"大桥海鸥"号等一系列令人瞩目的重大成果，填补了诸多"中国空白""世界空白"。

如今，这座曾被无数人评价为"不可能"的工程，不仅站在碧蓝的大海里，还将牢牢地站在悠远的历史长河中；不仅跨越了海峡，还跨越了时空。

历久弥新的工匠精神书写了瑰丽的时代篇章，这是闽人新智的体现，也是中国制造的生动实践。

作　　者：林舒玲　翁　娟

六十余年不了情，三明与上海共创史诗

玖

在福建三明，不经意间就能听到一口地道的吴侬软语。穿行于三明市区，鲜明的上海元素也屡见不鲜——沪明新村、沪明路、沪明小学、沪明幼儿园……

三明和上海，两地相隔800多千米，却有着深厚的历史渊源和特殊感情。故事，要从60多年前讲起……

□ 向南，向三明奔来

1958 年之前的三明还只是偏隅一方的山区小县，城镇人口只有 6,000 多人，工业产值只有 200 多万元。

20 世纪 50 年代中后期，中共福建省委作出在三明建设福建省重工业基地的战略部署。随后，从省内外各地抽调的建设大军汇聚三明，共同投入工业基地建设大会战。

20 世纪 60 年代，为弥补三明工业基地企业门类的短板，完善工业体系，福建省政府和上海市政府协商，将部分上海轻工企业迁入三明，促进三明的轻工业建设。

长笛一声，车轮滚动，数以万计的上海子弟跟随列车向南，向三明飞奔而来。

彼时的三明只是个刚刚起步的小山城，与繁华的上海相比，有天壤之别。

旧时三明城关一条街（三明市融媒体中心/供图）

└ 工人艰苦奋斗，积极参与建设（三明市融媒体中心／供图）

"一穷二白"的三明拿什么来回报这批远道而来的建设者？以最朴实的诚心，三明人民列队欢迎，准备好热水和饭菜，为大家接风洗尘……

乘坐绿皮车，一路颠簸几十个小时，上海儿女舟车劳顿来到三明。下车一瞧，这里什么都没有，但触碰到三明人民热切期盼的眼神，又觉得什么都有！

面对荒山野岭、荆棘草丛，浩浩荡荡的建设队伍自力更生、艰苦奋斗，斗严寒、战酷暑，披荆斩棘，移山填谷，在条件落后、设备缺乏的状况下，凭着辛勤双手，掀开了三明历史的新篇章。

□ 建设，建起一座工业新城

上海三星糖果厂、奇美内衣厂、金属制品厂、傅振兴五金厂、永生第十二皮鞋厂、永昌五金厂、玻璃厂、印刷厂……从 1959 年到 1970 年，短短十来年，18 家上海轻工企业迁入三明，加快了三明工业基地的建设，为三明输入了一大批技术管理人才，形成了宝贵的迁明建设精神，也为沙溪河畔新兴工业城市的崛起注入了重要的驱动力。

三明电工仪器厂。前身为上海新兴电机厂，1959 年 5 月从上海迁入三明，当年并入福建省三明机器厂，1960 年 3 月更名为三明化工机械厂。建厂初期主要为三明钢铁厂、三明化工厂生产一些零配件，1964 年首次生产石油设备 1,200 毫米圆箱式压滤器，由此三明化工机械厂进

┌ 三明化工机械厂职工在革新刀具（三
明市融媒体中心／供图）→

┌ 三明化工机械厂产品（三明市融媒体
中心／供图）↓

┌ 三明食品厂工人饮用自己生产的汽水（三明市融媒体中心 / 供图）↑（上）

┌ 三明食品厂热销产品（三明市融媒体中心 / 供图）↑（中）

┌ 三明玻璃厂迁厂初期手工生产玻璃瓶（三明市融媒体中心 / 供图）↑（下）

入了全国炼油化工机械行业。

三明食品厂。前身为上海三星糖果厂。上海三星糖果厂创办于1932年，是一家专业生产咖啡茶和各种糖果的老牌食品厂，拳头产品鹅牌咖啡茶闻名全国。1960年8月初，三明食品厂全面开工投产，陆续生产出100多个品种的产品，其中鹅牌咖啡茶、花生蛋白糖、巧克力酥心糖、橘子粉等为省优产品。产品远销全国17个省（市），并成功打入了东南亚等国家和地区市场。作为从上海迁至三明的第一家企业，三明食品厂不仅填补了三明没有现代食品工业的空白，为三明食品工业的发展奠定了基础，还为后来各厂的内迁起了示范带头作用。

三明玻璃厂。1962年3月，依照上海市委决定，由上海玻璃仪器厂和上海协隆玻璃厂等单位抽调一批生产骨干和一个建厂领导班子支援三明工业建设，后接收富兴铁厂部分职工和从江苏招聘一批有技术专长的职工，共80多人，成立三明玻璃厂。1963年，三明玻璃厂获评福建省玻璃行业的红旗单位，并在下半年成功生产盐水瓶，填补了福建省该工业领域的空白。

福建省三明印染厂。前身为上海立丰染织厂，1938年由盛杏卿创建。1966年9月迁至三明，更名为福建省三明印染厂。全厂405名员工，携带1,479名家属子女来到三明，同时来的还有原厂600多吨机器设备。迁厂后的第49天便投入生产，印染出"跳鲤牌"大红布，由此结束了福建靠手工印染的历史……

这些企业的建设和发展，为三明新兴工业城市的形成、三明国民经济体系的建立做出了重要贡献。经过60多年的建设和发展，目前，三明聚集了福建省最大的冶

┌ 1987年三明印染厂的产品宣传照（三明市融媒体中心／供图）

金、造纸、水泥、重卡等生产企业，已形成了涵盖 11 个门类、37 个行业的综合工业体系。

□ 携手，向未来前行

1958 工业记忆园坐落在三明市三钢冶建公司老厂区内，两幢由 20 世纪 60 年代红砖厂改建的展馆里，收藏着丰富的历史资料，向参观者娓娓道来三明一路走来的故事，也展示着沪明之间深厚的情谊。

1966 年 9 月，上海立丰染织厂迁建三明，当时全厂职工携带家属离开繁华的上海，支援三明建设。厂区周边的社区也因此被命名为"沪明新村"。

如今，这里洗尽铅华，低矮破旧的红砖黑瓦房早已不见踪影，取而代之的，是拔节长高的高楼、宽阔笔直的道路、配套完善的校区。

2020 年秋季，三明市沪明小学正式建成投入使用，校址就位于原三明纺织厂内。工厂的前身是原上海市国营第 26 棉纺织印染厂纺织车间，整体迁到三明的同时，近 4,000 名上海职工随厂入明。

工厂变学校，这是时代发展的需求，但是情谊不曾改变。沪明小学设计了两个可爱的学校吉祥物，分别叫作"明明"和"沪沪"。

风雨携手半个多世纪，沪明情缘不仅深深镌刻在时光的长河中，还掀开了从支援走向合作的全新篇章。

┌ 2020 年建成的三明市
沪明小学，校名寓义沪明
两地情深（许惠莉／摄）↑
┌ 学校吉祥物分别叫作
"明明"和"沪沪"（苏
秋英／摄）↘

随着三明动车站、飞机场、高速路网的交通配套完善，沪明相隔 800 多千米的距离被浓缩进"1.5 小时生活圈"，两地经贸、文旅往来越来越紧密。

2021 年 4 月，上海发往三明的首趟旅游专列从上海南站驶出，400 多名上海市民成为首批乘客。他们踏上"第二故乡"，寻找属于自己的那份三明记忆。

2021 年 6 月，上海市文化和旅游局、福建省文化和

旅游厅、三明市政府联合主办沪闽（三明）旅游合作对接会，达成 81 个服务三明旅游发展的项目合作，各县（市、区）与上海广泛开展文旅项目合作，签约（意向）项目总投资 224.3 亿元。

2022 年 3 月 3 日，国务院发函批复同意建设闽西革命老区高质量发展示范区，协调上海加强与三明对口合作。

《革命老区重点城市对口合作工作方案》印发后，三明与上海就建立工作机制、编制对口合作实施方案、重点领域专项合作等方面进行了密切对接。

如今，两市互访交流日趋紧密，已形成区县结对关系和联络员对接机制，40 个单位的联络员建立沟通联系。

2022 年初，为支持上海抗疫，三明人民同心守"沪"，沙县拌面、建宁莲子、清流豆腐皮……支援上海的抗疫物资星夜兼程，一路向北。三明援沪医疗队逆风而行，分别从市区和尤溪县踏上出征行程，驰援上海。

再续前缘，情更深，意更切。三明与上海将在新时代继续携手并进，奔赴共同的星辰大海。

作　　者：曾凤清

└ 2022 年 4 月，福建（三明）援沪医疗队进驻上海世博展览馆方舱医院，参与抗疫医疗工作（三明市融媒体中心／供图）

智「惠」「晋江经验」，泉州实体经济爬坡换挡

作为"晋江经验"发祥地，20 年来，泉州始终咬住实体经济不放松，形成了纺织服装、鞋业、食品、建材家居等九大千亿产业集群。进入新时代，面对人工成本的上涨和产品同质化竞争的加剧，泉州制造如何避免产业空心化，爬坡换挡，再创辉煌？

2019 年，习近平总书记在参加十三届全国人大二次会议福建代表团时指出："'晋江经验'现在仍然有指导意义。"2021 年来闽考察时，习近平总书记又要求："在加快建设现代化经济体系上取得更大进步。"泉州牢记嘱托，积极推动传统产业智能化改造和高新技术产业落地生根，发展数字经济，探索符合泉州自身条件的现代产业体系，全面推动"泉州制造"走向"泉州智造"。

□ 传统产业：智能化升级获得"成本领先"

纺织服装是泉州九大千亿产业之一，也是泉州最早的传统支柱产业之一，面对产业竞争，泉州政企研多方合力，共同推动纺织服装全产业链的智能化改造和转型升级。

纺织，是服装生产的第一环节。在晋江经济开发区的凤竹安东新厂，产线联动的立体仓库科技感满满——机械臂来回挥舞，一捆捆布料随之被精准地投入不同的料筐；AGV 无人叉车来回奔波，将装满的料筐送至自动仓储系统中。"AGV 机器人、RGV 机器人和堆垛机的配合，实现了产线联动，让凤竹纺织立体仓库运作更高效。"凤竹纺织董事长助理叶炜刚说。据了解，凤竹安东新厂1.9万平方米的立体仓储区采用了目前福建省纺织服装行业中唯一可实现生产、库存与供应链无缝衔接的自动仓储系统。

染整，是服装生产的第二环节。在泉州市第一家实现绿色生态标准转型升级的染整示范企业——宏兴染整织造有限公司里，来自德国、意大利等国的节能减排先进生产设备随处可见。该公司已建成国内领先的全封闭自动长车轧染流水线，配备智能 ERP 数字化管理系统和能耗自动在线采集系统，可日处理 8,360 吨污水、日回收2,000 吨中水。

布料做好了，就进入了成衣环节。如今，大多数泉州知名服装品牌都进行了生产的智能化再造和使用高精度机器人。比如在柒牌服装的裁剪车间里，5G AGV 小车可以将刚裁剪好的服装面料运送至另一栋楼三层的缝制

┌ 柒牌男装的智能机器人（泉州市融媒体中心／供图）

车间。运送过程中，AGV 小车可以自行上下电梯、出入卷帘门，跨越不同生产区域，穿行流畅无阻，如入无人之境……在石狮卡宾智能生产车间，新型智能吊挂系统投入使用后，突破了工序之间的衔接等待、检验滞后、返修制约等问题，大大提高了生产效率。自 2020 年开始，卡宾智能车间承接了近 150 万件服装的生产任务，货期达成率 100%。

销售环节的智能系数也不低。以七匹狼男装为例，全国 2,000 多家线下门店的智慧零售解决方案，让该企业

└ 七匹狼男装位于厦门的智慧零售系统（泉州市融媒体中心 / 供图）

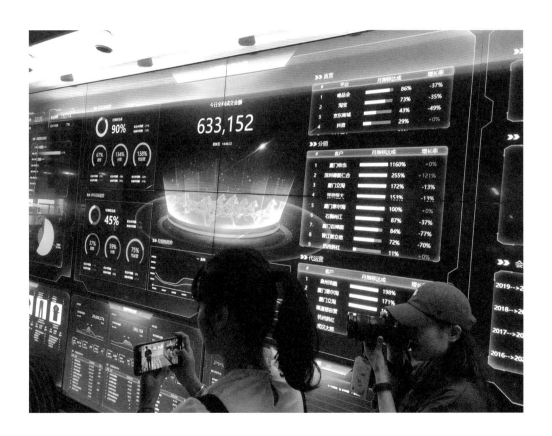

向互联网转型。启动云零售项目，企业负责人走进直播间与网友全程互动，直播、小程序、线上会员专场等诸多销售形式全面开花，实现全渠道数字化的营销布局。

始终坚持以发展社会生产力为改革和发展的根本方向是"晋江经验"的主要内容之一。通过几乎全产业链的智能化改造升级，泉州纺织服装业的人工依存度降低了，产品质量却更高了；生产成本更低了，企业的竞争力就更强了。

服装纺织只是泉州传统产业智能化转型升级的一个缩影。数据显示，近年来，泉州有近 2,000 家规模以上企业使用了新型智能装备，规模以上企业的装备数控化率超 50%，平均减少劳动用工 40%。仅晋江市，2022 年至 2023 年就计划安排 30 亿元的资金奖励扶持科技创新，全力促进传统产业转型升级。

□ 新兴产业：数字化赢得"产业先机"

泉州以"产业数字化"和"数字产业化"为先导，不断推动和吸引高科技含量、高附加值、环境友好型的高新技术产业落户泉州，探索构建更加符合本地优势、符合自身条件的现代产业体系。

在位于泉州洛江区的西人马公司，各条生产线都保持满负荷生产态势。公司负责人介绍，他们主要从事 MEMS 芯片与高端传感器研发、生产、检测和销售，为轨道交通、工业自动化、物联网等领域提供各类 MEMS

芯片及传感器，目前公司已申报了近500项专利技术。

　　位于石狮的鸿日光学公司，核心研发团队来自深圳，注册仅7个月就实现了高清夜视定焦镜头的量产出货。公司计划投入1.5亿元，实现年产6,000万件全彩夜视定焦镜头及500万件超高清医用一次性内窥镜头，年产值超6亿元。

　　步入中国电影资料馆安溪数字资源中心，一帧帧经修复后的老电影画面映入眼帘。据了解，该中心计划用三四年时间建成包括中国电影资料数字备份库、国家影像修复基地、融媒体制作基地等在内的新型影视体验和生产综合体。未来，这里将形成庞大的影视大数据产业链条。

　　在南安，泉工机械公司通过数字化AR技术解决了大型设备远程日常维护的问题——坐在电脑前，企业工程

┌ 鸿日光学生产车间
（泉州市融媒体中心 /
供图）

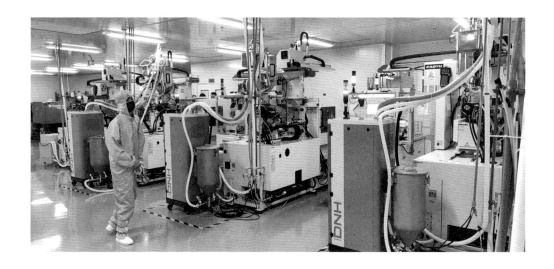

师宛如亲临客户企业，实时远程指导佩戴 AR 眼镜的客户企业技术员进行设备维护、故障排查。

此外，两颗以泉州著名地理标识"铁观音"命名的卫星 2022 年先后发射升空，实现福建省高分辨率商业遥感卫星"零"的突破，可为福建省和全球客户提供自然资源监测、城市精细管理、数字茶园建设等服务。

······

近年来，泉州不断提速数字产业的发展。据悉，2021 年泉州数字经济总规模达 5,342.8 亿元，对经济增长贡献率超过 47%。2019 年至 2021 年，泉州产业数字化规模连续三年居福建省第一。

为借力外"智"，泉州还实施"大院大所大平台"计划，与中科系、大学系、企业系等 18 家大院大所合作，累计服务企业近 2,000 家，解决技术难题近千项。这些平台覆盖了泉州的智能装备、电子信息、纺织鞋服、新材料、陶瓷建材等新、老行业领域。

在智能化、数字化大潮的推动下，泉州还涌现出不少智慧化工业园区。

在安溪县龙门镇的大成智慧产业园标准化厂房内，两条 TV 整机生产线已安装完成，2022 年 8 月正式投产。总投资 8 亿元的大成智慧产业园项目是省级重点项目，产业园规划总建筑面积 7.5 万平方米，用于生产小米电视、华为智慧屏等智能产品。在惠安县，当地也拟建绿色新材料智慧产业园，建设涵盖防水节能保温材料、民用建筑材料、特种砂浆、建筑涂料等产品的研发生产以及产业链配套项目。

实体经济是本分，改革创新是动力。不管岁月如何流淌，泉州制造始终积极传承弘扬"晋江经验"，从智能化到数字化、智慧化，不断推进传统产业转型升级，引领新兴产业"智慧"出圈，在全方位推进高质量发展超越中勇当主力军。

作　　者：温文清

智『强』不息，
走向全球的福建汽车玻璃

一块汽车玻璃，除了遮风挡雨还可以干什么？投影、通信、触控，甚至还能是汽车身份证。
来自福建的汽车玻璃正在超越你的想象。

□ 拓展一片玻璃的边界

2021 年 7 月 20 日，由中国制造的世界首套时速 600 千米的高速磁浮列车在山东青岛正式下线。

高铁时速仅超过 350 千米，民用航空的时速超过 850 千米，那么时速 600 千米的磁浮列车妥妥地就是"贴地飞行"。问题来了，这样"贴地飞行"的时速冲击力需要搭载什么样的玻璃才能承受？这玻璃又有什么特殊功能？

就前挡结构来说，磁浮列车玻璃和普通的汽车玻璃的差别可谓汉堡包与巨无霸。

普通汽车前挡玻璃是由玻璃 +PVB 膜 + 玻璃组成，厚度在 5 毫米左右，而磁浮列车的玻璃是结合了多层玻璃 + 多层 PVB 膜 + 防飞溅层，厚度是汽车玻璃的 6 倍左右，可以抵抗 1 千克铝弹时速 760 千米的冲击。然而，玻璃越厚，重量就会越重。还没发车，在重量级乘客名单上，玻璃就已经榜上有名了，这就大大影响行车速度，加大能耗。所以在考虑绿色环保和安全性两方面后，磁浮列车玻璃的生产制造进行了玻璃内部结构的调整，做到了减轻自重。在减重的同时，列车玻璃还可以触控、调光，做到既安全又舒适智能。

值得一提的是，这套包括前挡玻璃、侧窗玻璃在内的全车套产品方案——均由福建福耀提供，福耀还深度参与了该磁浮列车的外观、安全性等方面的前期设计。我们所熟知的汽车玻璃，仅仅是一块玻璃吗？

不！看上去寻常无比的汽车玻璃，蕴含着大量想象不到的科技元素。

近年来，随着汽车的"新四化"（电动化、网联化、智能化、共享化）发展趋势，汽车玻璃作为显示交互、数据传输等功能的重要载体，不断被重新定义。

在福建，汽车玻璃可以与无线通信、传感技术、光电技术等有机结合，真正成为未来汽车的"眼睛和耳朵"。

可以说，现在的汽车玻璃功能，已经远远超越了"一片玻璃"的边界。

智能调光、透明显示、全景天幕、AR-HUD抬头显示……目前，福耀玻璃的高附加值产品比重超过30%，部分产品已在宝马、路虎、通用、大众等汽车品牌上得到应用。

□ 做中国人自己的汽车玻璃

开车的人都知道，汽车行驶中需要不时低头查看仪表盘上的信息、核对导航路线。这一小小动作，虽然耗时短，但对于高速行驶的汽车来说，注意力离开3秒，可能就已前行了几十米。特别是现实生活中，由于驾驶员注意力分散而引发的交通事故数不胜数。不低头就能看到行车信息的AR-HUD抬头显示玻璃，简直是司机们的福音。

作为信息承载介质的HUD抬头显示玻璃堪称汽车版"柯南眼镜"，它能将重要信息投射在挡风玻璃上，驾驶

员只需保持正常驾驶姿势，无须低头就可以在视线前方看到车速、油耗、导航等行车信息。

　　除此之外，透明的汽车玻璃还可以拥有防晒隔热的作用，比如使用镀膜技术反射太阳中的热能，减缓车内仪表盘的老化。

　　以玻璃为载体，汽车还可以像打电话一样与外界进行高质量通信，比如将 ETC 感应模块植入玻璃内部，从而获得高度稳定的信号……

　　随着车联网渗透到交通运输的方方面面，汽车前挡玻璃"前装 RFID 解决方案"，未来可作为"智能网联汽车的数字电子车牌身份证"。

　　而上述的这些高科技元素满满的汽车玻璃，均来自福建福耀。

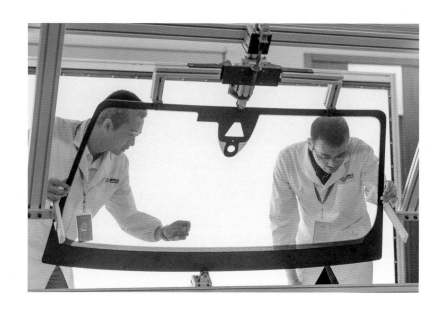

┌ 研究人员正在查看
汽车玻璃光学性能（福
清市融媒体中心／供
图）↖
┌ 以"四品一体双驱
动"质量经营模式，保
证产品质量稳定可靠
（福清市融媒体中心／
供图）←

现在全球每 3 辆汽车中就有 1 辆汽车的玻璃来自福建福耀。

然而，20 世纪 80 年代，中国的汽车玻璃几乎全部从国外进口，全球市场被外国巨头垄断。

成型技术是汽车玻璃制造的核心技术，玻璃成型的设备和模具则是核心中的核心。

为了解决"卡脖子"难题，福建人迈出了探索的第一步。

通过不断地创新和试验，福建福耀将这些难题逐一解决，做出中国人自己的汽车玻璃。

"为中国人做一片属于自己的玻璃。"从一家生产水表玻璃的乡镇小厂起步，福耀依托智能制造、技术升级，制造出"透明而有灵魂"的汽车玻璃。

□ "智"强不息　永不止步

很多人并不知道汽车玻璃是怎么生产出来的。如果你来到福建省福清市福耀工业园的车间，会看到这样一幅生产图景——

一块块汽车玻璃在自动化操作下，经过多道工序淬炼成型，通过智能制造系统自动完成质检、切割等工作，从这里进入产业链下游。

随着数字化技术的快速发展，福耀集团制订了"提升高附加值功能化汽车玻璃制造的智能工厂"的建设模式。

2021 年 8 月 27 日，清华大学刘云浩教授团队以及北京大学鄂维南院士团队联合出现在福耀集团总部，与福耀共同开启数字智能制造合作项目。

项目将建立联合研发团队，以数据和仿真共同驱动的智能制造为核心，通过在智能感知、现代化仿真、工业大数据研究上的技术优势，推进汽车玻璃智能制造的创新研发。

┌ 浮法生产线（林熙／摄）

福耀集团持续加大科技创新的力度，以超过营收 4% 的创新研发投入，积极构建跨界研创平台，先后组建国家认定企业技术中心、院士工作站、博士后科研工作站、国家 CNAS 检测实验中心等九大国家级科研平台。

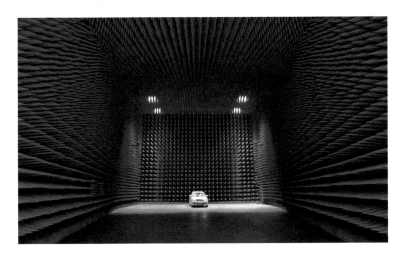

└ 福建福耀组建九大国家级科研平台、六大研发设计中心，核心技术自主可控，引领行业标准（福清市融媒体中心／供图）

在国际上，福耀集团还通过建立六大研发设计中心，构建全球协同创新体系，形成了覆盖汽车玻璃全产业链的自主创新能力。

当前，福耀已打破了多领域的国际垄断和行业壁垒，实现核心技术 100% 自主可控。先后主持或参与编制国内外标准 23 项，共申请专利超 2000 件，成功解决了行业 13 项"卡脖子"技术难题。成功通过工信部审核，成为行业内第一家智能制造试点示范企业。

从"为中国人做一片属于自己的玻璃"到"为世界贡献一片透明有灵魂的玻璃"。福建福耀制造的汽车玻璃彰显了不起的"闽人智慧"，更为世界带去高水准的中国"智"造。

作　　者：陈　岚

打破垄断，
福建九价 HPV 疫苗为女性带来福音

拾贰

在中国曾因量少价高而成为女性口中"奢侈品"的 HPV（人乳头瘤病毒）疫苗一度只能依靠进口。现如今，福建凭借技术创新率先打破市场壁垒，造福全球女性健康。

福建，是怎么做到的？

□ 首个获批　人人喊"打"

前不久，"九价HPV疫苗扩龄至9—45岁"的消息一出，迅速引起广泛关注。因为在中国，宫颈癌是第二大女性恶性肿瘤，每年新发病例约11万。注射HPV疫苗能让宫颈癌可防可控，但HPV疫苗数量有限，一度主要靠进口。以进口九价HPV疫苗为例，每年批签发量仅数百万支，而在九价HPV疫苗扩龄前，满足注射年龄要求的女性就已超一个亿。除了稀缺，价格昂贵也是HPV疫苗普及的一大难题。进口疫苗的一针难求与价格偏高，呼唤着国产HPV疫苗的出现。

2019年12月30日，由厦门大学夏宁邵教授团队和厦门万泰沧海生物技术有限公司联合研制的双价人乳头瘤病毒疫苗馨可宁获得国家药品监督管理局批准，成为

┌ 厦门万泰沧海生物
技术有限公司双价人乳
头瘤病毒疫苗（厦门市
融媒体中心／供图）

首个获批的国产双价人乳头瘤病毒疫苗。

馨可宁的获批上市，也标志着中国成为继美国、英国之后，世界上第三个具备 HPV 疫苗自主供应能力的国家。与进口 HPV 疫苗相比，厦门研制的国产双价 HPV 疫苗具有绝对的价格优势。该疫苗的覆盖范围为 9—45 岁女性，价格定在每针 329 元。9—14 岁打两针，全程 658元；超过 14 岁的打三针，全程 987 元。而一次葛兰素史克双价 HPV 疫苗的接种费用就是 580 元，三次接种的总费用达 1740 元。

国产 HPV 疫苗价格大大降低，保护效果又如何呢？

2022 年 8 月，国际顶级学术刊物《柳叶刀·传染病》报道：首个国产双价 HPV 疫苗馨可宁在免疫后 5.5 年内，对 HPV16 型、HPV18 型相关病变终点的保护率达 100%，并可持续至少 5.5 年的高水平抗体。而这里的 5.5 年，是三期临床实验数据，也就是说，是因为第三期临床到现在过了 5.5 年时间，而不是疫苗只能免疫保护 5.5 年。

□ 核心技术　全球首创

自 2019 年 12 月 30 日获批以来，凭借质优价廉的特点，国产双价 HPV 疫苗馨可宁已经普及到全国多地，并被厦门、济南、无锡、广州等地的免费 HPV 疫苗接种规划所采用。

今日荣光，来自于历时 16 年的艰辛研制。

"在馨可宁攻坚阶段，团队曾花几个月时间才克隆到用于疫苗研发的人乳头瘤病毒 L1 基因，随后在大肠杆菌

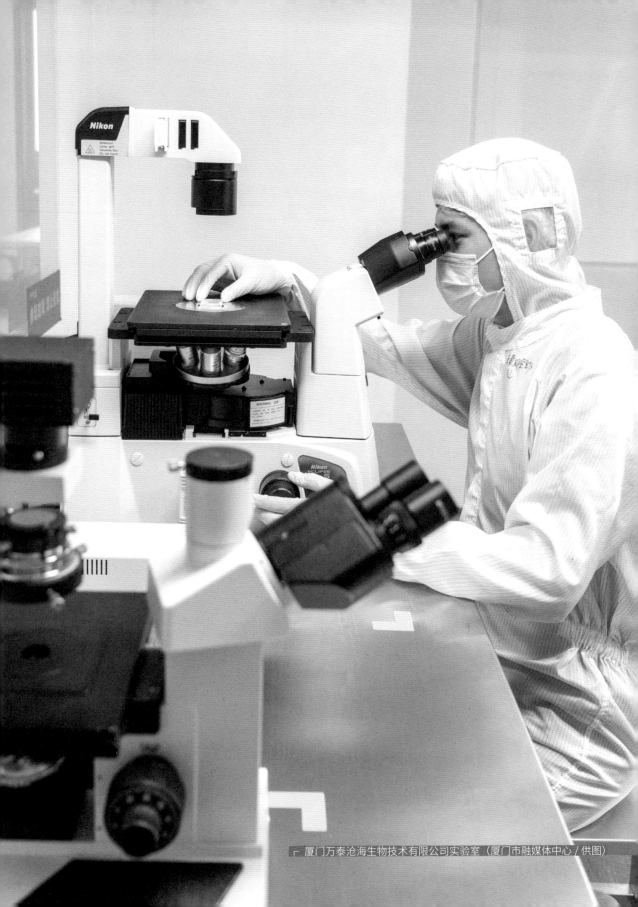

厦门万泰沧海生物技术有限公司实验室（厦门市融媒体中心／供图）

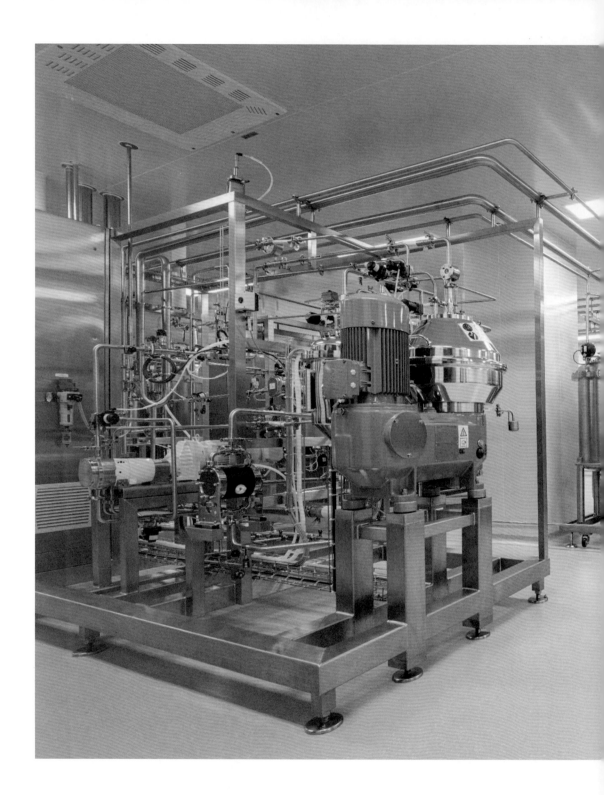

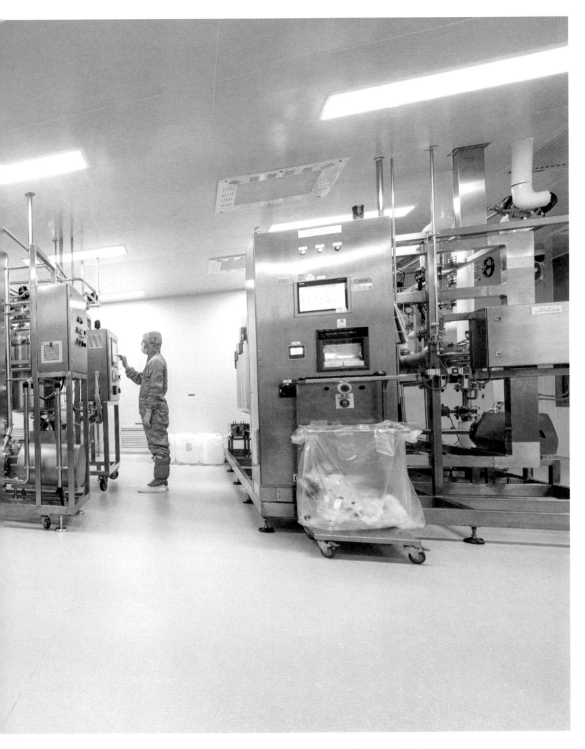

∟ 厦门万泰沧海生物技术有限公司生产车间（厦门市融媒体中心 / 供图）

┌ 厦门万泰沧海生物技术有限公司发酵车间（厦门市融媒体中心/供图）

中表达获得了 HPV 类病毒颗粒（VLP），取得关键进展。”夏宁邵教授团队成员李少伟说。

厦门研制的国产双价 HPV 疫苗使用创新的大肠杆菌表达类病毒颗粒疫苗技术平台生产。该平台是全球首创的重组（大肠杆菌）类病毒颗粒疫苗研制关键技术平台，是一个不同于国外的新型疫苗技术体系。美国科学院院士、基因工程药物奠基人之一、基因工程乙肝疫苗发明人威廉 · J. 拉特盛赞该技术体系：“提供了一个生产疫苗非常廉价和直接的方法。”

从长远来看，具有自主知识产权的大肠杆菌表达类病毒颗粒疫苗技术平台及以此为基础开发出的疫苗，对中国发展具有自主知识产权的创新疫苗具有深远的意义。

它将使中国的疫苗产业发展跃上一个新的台阶，实现中国自主创新疫苗产品的做大做强，推动自主创新医药产品的持续发展。

□ 厦门疫苗　世界认可

2021年10月，国产双价HPV疫苗馨可宁通过世界卫生组织PQ认证，可参与联合国大宗公立采购，从而加速走向世界。2022年，馨可宁先后在摩洛哥、尼泊尔等国获得上市许可，标志着该产品可正式出口，也预示着国产HPV疫苗的国际影响力进一步提升。

厦门研制的国产双价HPV疫苗在国际市场得到认可，能惠及全球尤其是广大发展中国家的更多女性，必将助

广厦门万泰沧海生物技术有限公司包装车间（厦门市融媒体中心／供图）

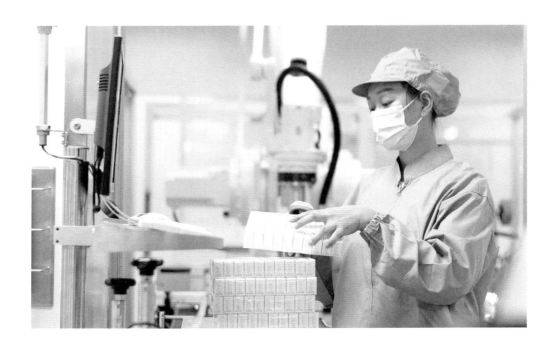

力 194 个国家共同承诺的世界卫生组织《加速消除宫颈癌全球战略》的实现。

数据显示，2021 年，馨可宁批签发为 163 批次，批签发剂次接近 1,000 万剂，市场份额已经超过了葛兰素史克公司的产品。2022 年以来，馨可宁批签发批次再创新高。2022 年 1 月，馨可宁批签发次数达 36 批次，对应批签发剂次接近 300 万剂。目前馨可宁的年产能已经达到 3,000 万支。

更令人欣喜的是，目前，厦门研制的九价 HPV 疫苗已经进入临床三期的病例随访观察阶段，9,000 多位志愿者已经完成三针注射。近 8 年来，全球仅有一家企业的九价 HPV 疫苗获批上市，而未来，厦门研制的九价 HPV 疫苗有望填补国内空白。

据了解，在厦门万泰沧海九价 HPV 疫苗二期扩产建设项目完成后，万泰沧海将拥有 6 条基于大肠杆菌技术平台的 HPV 九价类病毒颗粒疫苗原液生产线，设计产能可增加至每年 6,000 万支。

到时候，九价 HPV 疫苗一针难求的困境将被打破，首款中国国产 HPV 疫苗的面世预告着一个疫苗新时代的到来，中国力量、福建智慧将为世界女性健康提供更大助力。

作　者：林 岑

化风为宝，耀眼的福建风电

你知道福建的风有多大吗？

这里有——全国风力最强劲的海岛，全年 7 级以上大风的天数可达 100 多天。

你知道福建的风电有多强吗？

这里有——全球首个大功率海上风电样机实验风场，亚洲地区单机容量最大、叶轮直径最大的风电机组。

福建所处的台湾海峡是全国风力最大的海区之一。面对大风，聪明智慧的福建人民摇身一变，成为"御风者"，乘风而上、化风为宝，将强劲的海风化作一度度清洁电能，发展出了一流的绿色低碳新能源产业。

平潭大练海上风电项目（江信恒／摄）

□ **大国重器 福建制造**

坐船从福清兴化湾码头出海，放眼望去——广阔的海面上，一台台百米高的风电机组错落有致，犹如一根根定海神针迎风矗立。

作为全球首个大功率海上风电样机实验风场，福清兴化湾海上风电场的年发电量为14亿千瓦时，可满足70万个三口之家一年的正常用电需求。其中，编号为58的机组，是单机容量亚太地区最大、全球第二大的10兆瓦海上风电机组，年发电量可达4,000万千瓦时。

目前，福建研发生产的10兆瓦海上风电机组已经在兴化湾、长乐等海上风电场批量投入运行达31台，成为中国唯一批量投入商业运行的10兆瓦级海上风电机组。

大功率（兆瓦数）风机，是名副其实的海上风电大国重器。

10兆瓦海上风电机组在研制过程中，相继攻克了海上复杂气候条件带来的系列难题；首创双驱电动变桨方案，填补了中国自主品牌的空白……

2022年，福建再次刷新了亚洲纪录。2月22日，中国首台13兆瓦抗台风型海上风电机组在福清顺利下线。这是迄今为止下线的亚洲地区单机容量最大、叶轮直径最大的风电机组，其国产化率达到了90%。

13兆瓦风电机组的轮毂中心高度达130米，相当于43层楼高；叶片长度达到了惊人的103米，扫风面积

└ 莆田平海湾海上风电场二期项目海上风机单管桩沉桩施工（闽智／供图）

┌ 位于平潭的"顺—1600"深潜坐底多功能风电工程船如巨人般屹立（蔡起辉／摄）

3.5 万平方米，相当于 5 个足球场那么大，每转一圈，可发电 22.8 度，可以供一台空调制冷 30 小时。

在年平均 10 米／秒的风速条件下，13 兆瓦单台机组每年可输出 5,000 万度清洁电能，能满足 2.5 万个三口之家一年的家庭正常用电量，减少燃煤消耗 1.5 万吨，减少二氧化碳排放 3.8 万吨。

□ 化风为宝　以风兴业

截至 2021 年底，福建省电力总装机达 6,983 万千瓦，其中，风电等清洁能源装机达到 4,047 万千瓦，占比近 58%。福建的风电产业，并不是"空穴来风"，而是有着坚实的基础和深厚的积淀。

20 世纪 70 年代——福建大胆迈出了化风为宝的探索脚步，于 1976 年在平潭成立了风力实验小组（后更名为平潭县风力实验站），启动研制 55 千瓦风力发电机，成为全国最早成立风力实验机构的地方之一。

20 世纪 80 年代——1982 年，首台 55 千瓦风电机组在平潭县风力实验站顺利安装，成为当时国内自行设计、制造并运行的最大风电机组。1988 年，"六五"重点科研攻关项目 FD-32-200 千瓦风力机组在平潭莲花山安装，成为当时国内自行研制的最大风电机组。与此同时，中国与比利时合作的风电实验项目也选址在莲花山风场，由比利时政府提供 4 台 200 千瓦的风力机，平潭当地提供运行数据。这是当时中国单机容量最大的风电机组，莲花山风场也是全国最大的风力田，处于国内领先地位。

2000 年——平潭陆上风场项目长江澳风电一期 600 千瓦风电机组全部并网，开创了福建省风力商业化运行的历史，被世界银行列为"中国可再生规模化发展项目"试点。

福建能率先参与中国风电研究和开发应用，得益于得天独厚的风力资源。福建沿海全年 7 级以上大风的天数可达 100 多天，湾外海岛、大陆突出部的尖端风力更强，南日岛、平潭岛、东山岛等都属于全国风力最强劲的海岛。

受其影响，冬季台湾海峡的最大风速可达每秒 36—

闽人智慧 FUJIAN WISDOM

┌ 平潭长江澳风电工程（念望舒／摄）

闽人智慧 FUJIAN WISDOM

┌ 俯瞰东山岛（龚雪兰／摄）

39 米，海面上浪高可达 14 米以上，真正的巨浪滔天。据专家估测，一台同样功率的海洋风电机一年的产电量可比陆地风机提高 70%，具有资源丰富、发电利用小时数高、不占用土地资源、不消耗水资源和适宜大规模开发等特点。因此，"八山一水一分田"的福建自然应扬长避短，把发展重心转向海风，加快推动海上风电发展。

□ 全产业链　跑出加速度

　　风电产业从陆地走向海洋绝非易事。福建的海底地形起伏陡峭、遍布礁石和孤石，仅平潭海域的海底高差最高就超过 32 米，相当于 10 层楼的高度，而且海底裸岩坚硬如铁，对工程施工提出了严苛的要求。

┌ 平潭长江澳风车田
（林映树／摄）

面对复杂的海洋环境，只有大力推进科技创新，才能实现风力资源的高效利用。

因此，福建在发展海上风电过程中，坚持以资源开发带动全产业链发展，初步形成以海上风电开发项目为龙头，拓展风力发电上下游产业，完善风能产业配套的风能产业链体系，构建中国海上风电原创技术"策源地"。

如今，位于福清市的福建三峡海上风电产业园，已经成为中国首个全产业链的海上风电产业园，形成风力发电机、风机结构件、风机总装、叶片生产等完整的全产业链生产格局。这里从发电机到叶片等高端先进核心设备都实现了"福建制造"，带动中国海上风电装备产业迭代发展。

创新不停步，跑出加速度。着眼于海洋资源的一体化开发利用，福建正在积极探索一条"海上风电+"多元融合发展之路，推动海上风电与海洋牧场、高效储能等产业综合开发。

2021年9月，福建省首个"海上风电+海上牧场"融合项目在平潭大练海上风场落地实施，装有1,500尾黑鲷、赤点石斑鱼等鱼苗的金属网箱成功下放至11号风机50米范围内的海域。

目前，福建省水产研究所和相关风电企业的专家团队正在协力攻关，加强海上风电场噪声等环境要素对鱼类生长影响的技术研究，推进形成可复制、可推广的

"海上风电＋海上牧场"融合项目实现"海上风能发电、海下桩基养鱼"（闽智／供图）

"海上风电 + 海上牧场"新模式。

浩瀚海洋，风起电至。作为全国海上风力资源最好的地区之一，至"十四五"末，福建省海上风电并网发电规模有望超 500 万千瓦。福建海上风电必将从近海走向深海、从单一走向融合，建设人与自然和谐共生的现代化。

作　　者：陈少毅

后记

福建古称"闽"。《山海经》云："闽在海中，其西北有山。"这，是一个怎样的地方？

福建边界多山，境内层峦叠嶂——东北部有太姥山，中北部有鹫峰山，中部有戴云山，中南部有博平山，西南部有玳瑁山……

而它的东南侧，则全线沿海，且海岸线水深崖陡。

18 万年前，福建中部的三明境内就有原始人类出现。很长一段时间内，因地处偏远、山水阻隔，福建显得神秘而低调。

西晋"永嘉之乱"后，中原汉族向江南大规模迁徙；唐末藩镇割据，中原汉族再次大规模向南迁徙，福建境内人口得以成倍数增加。

这片山与海之间的静谧土地，因为远离战乱而安宁祥和，庇护着来到这里的人们，使他们能够繁衍生息，开垦耕作。

福建，由此进入中国历史的视野中心。

唐时，福建的造船技术已经十分先进，有了福州和泉州两个造船中心；宋元时期，泉州成为东方第一大港，"千帆竞发刺桐港，百舸争流丝绸路"的景象蔚为壮观；两宋时，福建路（福建省）的进士总数为 7,144 名，远超排名第二的两浙东路，"龙门一半在闽川"……

福建人杰地灵，不仅深深打动了远道而来的人们，也让生于斯长于斯的人无比骄傲与自豪。

"唐宋八大家"之一的曾巩在福州知州任上仅仅一年零一个

月，创作了 42 首诗，倾力描写福州的茶叶、荔枝和风貌，对此地恋恋不舍。

理学大家朱熹在武夷山下兴建武夷精舍，著书立说、授课讲学，武夷成为天下学子敬仰的文化圣地。秀美的武夷山水也给了朱熹极大的心灵慰藉。在陪辛弃疾游武夷时，他写下《九曲棹歌》："武夷山上有仙灵，山下寒流曲曲清……"盛赞武夷之美，传诵至今。

民族英雄林则徐任两广总督时，在总督府衙题书堂联："海纳百川有容乃大，壁立千仞无欲则刚。"他以要有大海一样的宽广胸怀、高山一样的坚定心志激励自我。林则徐的家乡福建，正是在山海之间。可以想象，家乡的山山水水铸就了林则徐伟大的人格，给了他无限的精神滋养。

福建，这片让许许多多了不起的人物无限眷恋的土地，还有着很多你不知道的内容——这里人杰地灵，在历史长河中形成了深厚的人文底蕴，孕育了诸多耐人寻味的人文故事和独特创造。

地处莆田的木兰陂始建于 1083 年，是中国现存最完整的古代灌溉工程之一，被誉为"福建的都江堰"，入选首批《世界灌溉工程遗产名录》；泉州境内连接晋江和南安的安平桥，是世界上最长的海港大石桥，享有"天下无桥长此桥"的美誉；同安人苏颂发明制造的水运仪象台，标志着中国古代天文仪器制造史上的高峰，被誉为"世界上最早的天文钟"；建阳人宋慈著有

《洗冤集录》，标志着传统法医学体系的建立，比欧洲最早的法医学专著早了两个多世纪……

这里有着丰富的非物质文化遗产，有着诸多能工巧匠，令人叹为观止的福建技艺、璀璨生辉的福建创造世代传承，给予这片土地满满的智慧。

世界文化遗产福建土楼，遵循"天人合一"的东方哲学理念，与青山、绿水、田园风光相得益彰，构成适宜的人居环境以及人与自然和谐统一的景观；"艺苑奇葩、中国一绝"的厦门漆线雕技艺，工艺繁复精细，耗时数月甚至数载；将乐西山纸传承蔡伦造纸工艺，乾隆年间曾被作为《四库全书》用纸，极负盛名；南平建盏造型古朴典雅，质地深沉含蓄，具有浓郁的东方艺术色彩，一度为宋朝皇室御用茶具；还有"中国白"德化陶瓷、色彩斑斓的福州寿山石，无不吸引着世界的关注……

进入新时期，这里还以科技赋能，实现高质量发展，在现代制造和科技创新方面取得了卓越的成就，创造了一个又一个奇迹。

谢华安院士的杂交水稻"汕优 63"，满足了数亿人口的粮食需求，成为中国连续 16 年种植面积最大的杂交水稻品种；平潭海峡公铁大桥，是中国第一座公铁两用跨海大桥，也是世界上首座在复杂风浪涌环境下建设的海峡大桥；福清"华龙一号"，是中国核电走向世界的"国家名片"和核电创新发展的重大标志性成果；宁德时代，是世界一流的锂离子电池研发制造公司；还有"晋江经验"的金字招牌、互联网"龙岩帮"的典型现象……敢闯敢拼的八闽儿女，延续着生生不息的福建智慧。

千百年来，福建人民在历史长河中寻觅和践行发展之"道"，形成了崇高的精神理想与价值追求，积累了处理人与社会、人与自然关系的高超生存方法与谋略。

这些"知"与"行"，形成了闪光的思想、革命的贡献、先进的发明、精湛的技艺、非凡的创造。这些，我们将其统称为"闽人智慧"。

党的二十大报告提出，"推进文化自信自强，铸就社会主义文化新辉煌"，要"坚守中华文化立场，提炼展示中华文明的精神标识和文化精髓，加快构建中国话语和中国叙事体系，讲好中国故事、传播好中国声音，展现可信、可爱、可敬的中国形象"。

因此，在当下进行"闽人智慧"主题宣传，必要且重要。

通过挖掘"闽人智慧"的深厚内涵，梳理"闽人智慧"的脉络，讲好"闽人智慧"的故事，能够让人们了解一个立体和丰富的福建，展示全面、全新的福建形象，增强福建人民的文化自信，进而增强人们对于中华文明的自信心与自豪感。带着自信与自豪，我们才能更好地践行当下、走向未来。

"闽人智慧"主题宣传主要分为三个系列：你未必知道的

福建、非遗里的闽人智慧、闽人新智，力争用贴近时代生活的方式讲述"闽人智慧"故事。其视角新、切口小，做到了读者群体的全覆盖，青少年也能看得懂、喜欢看，同时利用新媒体平台，进行福建省内、国内甚至全世界范围的传播。

"你未必知道的福建"系列侧重展示历史长河中人杰地灵的福建。运用新颖的观察角度、时尚的科普元素、鲜活的叙事方式，展示福建鲜为人知的人文故事和独特创造，展现古今福建人民的智慧。

"非遗里的闽人智慧"系列正式结集出版时名为《你未能触摸的福建》，侧重展示福建非物质文化遗产里蕴藏的匠心智慧。通过介绍福建的能工巧匠、非遗传承、技艺营造，用非遗传承人与众不同的能力、精湛的技艺和卓越的创造力，展现令人叹为观止的福建技艺、敢拼会赢的福建精神、璀璨生辉的福建创造。

"闽人新智"系列正式结集出版时名为《你未曾料想的福建》，侧重展示新时期科技文化赋能、高质量发展的福建。撷取中华人民共和国成立后，特别是改革开放以来福建新的建设成就与发展，体现历史纵深度、文化厚重感和鲜活的时代气息，反映新理念、新气象。

通过近一年的传播和推广，"闽人智慧"深入人心，在社会上引起热烈的反响，引发广泛持续的关注。人们从这四个字中，读出了更全面、更丰富、更深刻的福建，感受了敢拼会赢、锐意创新的福建脉动，体会了走向全球的福建人为什么能够对国家、对世界作出独特的贡献。"闽人智慧"已经成为互联网热点词汇，福建也因为"闽人智慧"吸引了来自全国乃至海外更大范围的目光。

习近平总书记在 2023 年的新年贺词中谈到，中国将"努力为人类和平与发展事业贡献中国智慧、中国方案"。"闽人智慧"正是中华民族伟大智慧的重要组成部分。

巍巍的武夷山连绵起伏，滚滚的闽江水奔腾不息，壮阔的大东海广纳百川，广袤的八闽大地上，"闽人智慧"源源不断。一套书的承载总是有限，但"闽人智慧"是无穷无尽的。我们希望通过"闽人智慧"的讲述，进一步激发人们对于中华文明的自信心与自豪感，从而让我们对过去有更深刻的了解，对现在有更准确的把握，对未来有更美好的憧憬。

"闽人智慧"丛书编委会

2023 年 6 月

图书在版编目（CIP）数据

你未曾料想的福建 / "闽人智慧"丛书编委会编. ––福州：
福建人民出版社：海峡文艺出版社, 2023.6
（闽人智慧）
ISBN 978–7–211–09107–2

Ⅰ. ①你…　Ⅱ. ①闽…　Ⅲ. ①福建—概况　Ⅳ.①K925.7

中国国家版本馆CIP数据核字（2023）第092522号

你未曾料想的福建

NI WEICENG LIAOXIANG DE FUJIAN

作　　者："闽人智慧"丛书编委会
责任编辑：朱墨山　孙　颖
美术编辑：陈培亮
责任校对：李雪莹
出版发行：福建人民出版社　　　　　电　　话：0591-87604366(发行部)
网　　址：http://www.fjpph.com　　电子邮箱：fjpph7211@126.com
地　　址：福州市东水路76号　　　　邮　　编：350001
经　　销：福建新华发行（集团）有限责任公司
印　　刷：雅昌文化（集团）有限公司
地　　址：深圳市南山区深云路19号
开　　本：787毫米×1092毫米　1/16
印　　张：12.25
字　　数：113千字
版　　次：2023年6月第1版
印　　次：2023年6月第1次印刷
书　　号：ISBN 978-7-211-09107-2
定　　价：108.00元